Super ET

www.einaudi.it

ISBN 978-88-06-21480-7

Alex Corlazzoli

Tutti in classe

Un maestro di scuola racconta

Einaudi

Premessa

Se non avessi fatto il maestro, non avrei mai potuto scoprire i bambini. Non ricordavo piú che cosa succede in una classe, durante l'intervallo, all'entrata e all'uscita, sopra e sotto i banchi. Quando guardi i bambini da fuori, non riesci a capire che cosa frulla nella loro testa, che cosa pensano di noi grandi: non puoi immaginare come batte il loro cuore, come vivono gli affetti, gli amori, le ansie. Spesso non si raccontano nemmeno ai genitori, che credono di conoscerli solo perché li hanno concepiti. Li immagini fuori dal nostro mondo: il giornale, la politica, la crisi, la lotta alla mafia, la Costituzione, l'ambiente sono cose da adulti.

Mi hanno smentito fin dal giorno in cui ho messo piede in classe. Me la ricordo ancora, quella mattina: ero arrivato dopo aver fatto un incidente nel parcheggio della scuola con il fuoristrada di un agricoltore dall'accento bresciano, che era sceso apostrofandomi con un: «E lei dovrebbe insegnare a dei bambini?» Ecco il mio biglietto da visita. Sono entrato in aula e mi sono ritrovato davanti i volti di Massimo, Luigi, Michael, Anna, Francesca e tutti gli altri.

Ero passato dalla scrivania di una redazione, dove raccontavo il piccolo mondo antico di provincia, a un nuovo pianeta. Ho capito subito che quella parte dell'emisfero era poco conosciuta da chi non aveva una vita scandita da campanelle, cartelle, astucci, lavagne, immaginazione e fantasia.

Con i bambini abbiamo imparato a conoscerci a vicenda,

perché, in fondo, ciò che serve nella vita è mettersi in gioco. Ho tolto la maschera del giornalista: non avevo piú bisogno di indossare l'abito elegante, come quando dovevo andare in procura o dal sindaco. Non mi serviva fingere, fare *captatio benevolentiae* come accade a noi grandi per ottenere un'informazione da scrivere. Nessun sotterfugio, con i bambini. Ecco, dovevo mostrarmi per quello che ero, e farmi dare il benvenuto nel loro pianeta.

Sia chiaro: non tutti entrano in questo mondo. Non è facile ottenere il visto per un ingresso. Ci sono maestri che passano una vita con i bambini senza mettere piede nel loro microcosmo.

Ho provato da subito con la sana follia. Per loro, abituati a molte «maestre dalla penna rossa», come avrebbe detto De Amicis, sembravo un insegnante fuori luogo: giocavo in classe, facevo la voce alla Piero Angela per spiegare storia, mi ribellavo alle regole del tempo contingentato per l'intervallo, parlavo nel loro gergo senza «morsicarmi la lingua» per qualche epiteto, non compilavo alcun registro ma pensavo ai viaggi d'istruzione da fare. Per loro è stato naturale iniziare a parlare con me: era come se dialogassero con un compagno, ma senza dimenticare mai che ero un maestro. Un maestro particolare, che aveva voglia di imparare, di scoprire, di andare alla ricerca. Proprio come loro.

Si sono accorti subito che mi portavo dietro un bagaglio pieno di esperienze, di errori, di fotografie di donne e uomini che avevo amato e che mi avevano segnato la strada (da Moro a Falcone e Borsellino), un paio di scarpe polverose che avevano calpestato le strade di ogni continente, e un biglietto, trovato a terra, con su scritta una frase attribuita a John Lennon:

> Se per la strada c'è un carro da cui cadono pezzi di sterco, puoi corrergli dietro e spazzare via lo sterco, come fanno certi, e questo va bene. Oppure puoi raggiungere chi guida e dirgli di fermarsi. E questo è ciò che tentiamo di fare noi.

Prima si sono incuriositi per tutte quelle apparenti cianfrusaglie che avevo con me, oltre a un computer e a un giornale. Poi, piano piano, hanno iniziato a vuotare anche i loro sacchi: mi hanno raccontato delle loro avventure, dei loro amori, dei genitori, di ciò che a loro non piace della scuola. Mi hanno confidato segreti, sono diventato un cittadino del loro pianeta, a tutti gli effetti. Ho imparato a immaginare, a sorridere, a prendermi un po' meno sul serio. E a un certo punto mi sono stancato di stare in cattedra, come loro si annoiano a rimanere dietro un banco.

Da quel mondo non me ne sono piú andato. Diciamo pure che ho piantato la mia tenda tra i bambini, senza dimenticarmi di essere un giornalista prima ancora che un maestro. Infatti, mi trovo a osservare e raccontare. Le parole di Ryszard Kapuściński mi ricordano ogni giorno che la voglia di capire culture diverse deve essere la prima motivazione di un giornalista. Con questo spirito, ormai da qualche anno ho imparato a segnare la strada e a farmela indicare.

Qualcuno, laggiú, non si accorge che ci siamo.

Non si preoccupa di come i bambini imparano ad amare, a leggere, a usare la tecnologia. Non si chiede piú che scuola abbiamo, che posti di lavoro stiamo preparando per loro. Questo qualcuno ha persino scelto di non passare il testimone, di non raccontare quello che è successo nel Novecento.

Ci siamo ritrovati catapultati in un nuovo secolo senza pensarci: i bambini hanno imparato velocemente le regole di questa cyberstagione, di questo tempo 2.0, tanto che qualcuno non li capisce piú. Non li riconosce, e non si riconosce.

Con questo libro racconto, senza tanti giri di parole, la vita dei miei alunni. Sono decine di fotografie, di appunti raccolti in mensa, durante le lezioni di storia, italiano o educazione alla cittadinanza. Annotazioni di un maestro che ha scelto di stare dalla parte dei piccoli. E loro, i bambini, mi hanno concesso di svelare ciò che fanno su Facebook, come vivono l'amore, in che modo chattano e si messaggiano con il telefonino. Per la prima volta racconterò ciò che pensano delle loro mamme e dei loro papà, come vedono questa crisi economica e come sono pronti o meno ad affrontarla, che cosa desiderano ricevere davvero da

Babbo Natale. Con una sola raccomandazione: non giudicare. Queste pagine non intendono commentare nulla, non registrano punti di vista, non vogliono dire se la loro generazione sia migliore o peggiore delle precedenti.

Questo è «solo» un viaggio in un paese poco conosciuto.

Tutti in classe

A don Andrea Gallo,
che mi ha insegnato
a pregare con la Costituzione.

A Daniele, Agostina e Roberta:
senza di loro non sarei qui.

Per ragioni di privacy, i nomi dei bambini e le circostanze sono di fantasia.

Chi non impara nulla dai bambini, certamente non imparerà nulla dai grandi.

ERNST VON WILDENBRUCH

A tutti i folli. I solitari. I ribelli. Quelli che non si adattano. Quelli che non ci stanno. Quelli che sembrano sempre fuori luogo. Quelli che vedono le cose in modo differente. Quelli che non si adattano alle regole. E non hanno rispetto per lo status quo. Potete essere d'accordo con loro o non essere d'accordo. Li potete glorificare o diffamare. L'unica cosa che non potete fare è ignorarli. Perché cambiano le cose. Spingono la razza umana in avanti. E mentre qualcuno li considera dei folli, noi li consideriamo dei geni. Perché le persone che sono abbastanza folli da pensare di poter cambiare il mondo sono coloro che lo cambiano davvero.

STEVE JOBS

Campanella d'entrata

«Bambini, mettetevi in fila per due». Eccola, la «maestra dalla penna rossa», per citare di nuovo De Amicis.

Non è cambiata, è sempre lei: che abbia ventinove o cinquant'anni, se ha indossato i panni dell'insegnante dimenticandosi di essere una persona uguale a tutte le altre, reciterà la sua parte alla perfezione. Pare che non si ricordi nemmeno di essere stata bambina.

Sono le 8.25, ma sembrano le 12.30. Occhi spalancati, voci strillanti. I ragazzini non trascinano la cartella, ma la portano sulle spalle con orgoglio, trionfanti. A volte mi chiedo come possano essere già cosí elettrici a poche ore dall'alba. Non ce n'è uno che voglia stare in fila. C'è chi spintona, chi passa davanti, chi va a dire una cosa urgente all'amichetto.

I bambini fanno i bambini anche nel XXI secolo. Non sono cambiati piú di tanto. Proprio come quegli insegnanti che non smettono di avere la penna rossa in mano.

I bambini lo sanno che non basta possedere un diploma o avere superato un concorso per essere un bravo insegnante: loro vogliono uno che arrivi in classe al mattino con il sorriso, senza urlare ogni due secondi. Sognano un maestro che si diverte con loro, che resta grande ma che ha il coraggio di tirare fuori la sua parte bambina. Claudia, di otto anni, in un tema ha scritto: «Il maestro Alex ci fa divertire perché a volte fa il pagliaccio con noi».

Eppure oggi, per molti docenti sembra essersi solo rinnovata la giaculatoria delle lamentele, in quelle interminabili riunioni tra gruppi di addetti ai lavori a cui hanno dato il nome di «équipe pedagogica»: «Sono pigri, stanno troppo davanti all'iPad, studiano meno, non conoscono piú la grammatica, non leggono». Un tempo avrebbero detto: «Sono sfaticati, stanno troppo davanti alla televisione, potrebbero impegnarsi di piú», e cosí via.

Ma torniamo alla fila. Mi sono sempre chiesto: perché devono metterli in coda come se fossero un gregge di pecore? I bambini non sono sciocchi. Il problema è educarli proprio a gestire i momenti di libertà: l'ingresso, la ricreazione, l'uscita. Quando li poni di fronte alla sfida di gestirsi in modo autonomo, spesso vanno in panico perché nessuno ha nemmeno insegnato loro a entrare a scuola senza mettersi necessariamente in fila, due per due, tenendosi per mano.

Non so da quanto tempo non entrate in una classe o non prendete in mano il diario di un bambino. Provate a fare l'esperienza di sfogliarne uno: tra un cuoricino e l'altro, una dedica alla star piú bella di *Violetta* e i numeri di telefono dell'universo scuola, troverete un calendario fitto di interrogazioni di matematica, prove scritte di italiano, test Invalsi, verifiche di religione. Viene voglia di chiedere a questi ragazzini: ma voi quando vi divertite?

La loro giornata è scandita da appuntamenti su appuntamenti: compiti, scuola, calcio, violino, danza, piscina. Persino i miei alunni chiedono incessantemente: «Maestro, ma domani farai la verifica di storia?» «Maestro, interroghi?» Non voglio mettere in dubbio chi sostiene che non si ha voglia di studiare. Ma i figli del XXI secolo studiano, eccome!

Mi ricordo di avere insegnato in una scuola dove le verifiche dovevano essere tutte uguali per tutte le classi. Un allevamento di professionisti dell'arte dello studio chiamati a omologare, come se la scuola fosse la grande industria dell'obbligo.

I ragazzi hanno voglia di essere interessati, coinvolti. Studiano quando non vengono costretti a ricordare pagine e pagine, date e dati, nomi e numeri. Intanto, sono informazioni che non resteranno in mente per tutta la vita. Non riesco ancora a capire perché studiare deve essere concepito solo come sforzo, come sacrificio.

Smettiamola di sottoporli allo stress della prova. Non stiamo facendo una gara nazionale a chi è il migliore. In certe scuole si ha la sensazione di avere a che fare con il campionato di calcio: la maestra Y è già alla Campania, il maestro X ha fatto i Greci e un certo numero di verifiche. Un senso di competizione che viene trasmesso ai bambini, i quali sembrano studiare per il voto e non per il piacere di sapere. Il fine ultimo dell'anno scolastico diventa la pagella. O meglio, i bambini non hanno certo in testa la scheda di valutazione, ma qualcuno inculca nel loro cervello che quei voti sono importanti.

«Perché, maestro, tu non ci dici quanto prendiamo?» La mia risposta di solito è ferma e decisa: «Il voto serve a me, non a voi. Serve per capire se sono stato in grado di trasmettervi qualcosa, di appassionarvi». Cosí nessuno lo sa. Nemmeno io, a dire il vero. Non ho certo bisogno della verifica di storia o di geografia per capire se Sandro conosce i Romani e la Sicilia. Lo vedo ogni giorno quando parlo con lui: l'interrogazione è in ogni istante della vita di un alunno. Loro non se ne accorgono, ma è perenne.

È da poco suonata la campanella e sono già tutti alla catena di montaggio: la maestra, con i libri, la borsa, il sussidiario, le schede, le verifiche, la penna rossa e blu sulla cattedra; i bambini dietro ai banchi, con il quaderno a righe e quello a quadretti, l'astuccio, la gomma e le biro cancellabili. Ho conosciuto insegnanti che non perdono un attimo, non chiedono nemmeno com'è andata la domenica. Meglio iniziare subito la lezione, senza passare un solo istante a parlare con i bambini. Prima viene il programma da finire.

Non rimpiango, dato che non sono credente, le preghiere che si facevano all'inizio delle lezioni quando andavo io a scuola. Tuttavia era un momento «importante», un modo per iniziare la giornata guardandoci in faccia. In Africa, spesso, nelle comunità cattoliche i missionari cominciano la celebrazione eucaristica chiedendo ai fedeli di salutarsi o di abbracciarsi. Forse dovremmo farlo anche nelle nostre classi.

Ho avuto l'onore di partecipare a una lezione in una delle poche scuole libertarie d'Italia, a Bologna: s'inizia la mattinata sedendosi non tra i banchi ma tutti insieme a terra, condividendo pensieri, riflessioni, momenti critici della giornata precedente. Non c'è la campanella, non c'è da compilare nessun foglio se si arriva in ritardo di qualche minuto. Non c'è angoscia, non ci si sente alla catena di montaggio dell'istruzione. E le verifiche non provocano ansia da prestazione, come invece accade ai miei alunni.

Sí, perché quando c'è una prova, li vedi che ripassano da subito, che rileggono le pagine del libro. Qualcuno si agita, come Christian, che non ce la fa. L'assistente sociale è venuta a chiedere a noi insegnanti notizie della madre, dell'andamento scolastico del bambino, per capire. Cosa può provare Christian quando non riesce a riempire il foglio bianco o a spiccicare parola all'interrogazione? Vedersi dare un cinque non credo possa far piacere a nessuno.

Anche in questo caso ho spesso a che fare con la «maestra dalla penna rossa». C'è sempre, ancora lei. Vuole a tutti i costi punire quel ragazzo, usa il solito linguaggio: «Non si applica, è sfaticato, è pigro». Ma forse non si è chiesta davvero perché Christian non apre il libro, perché non prova interesse.

Insomma, il voto andrebbe proprio abolito. Vogliamo etichettare i bambini quando di loro, spesso, non conosciamo nulla. Vogliamo che raggiungano obiettivi, traguardi, senza sapere il punto di partenza. Ignoriamo che cosa portano nello zaino oltre ai quaderni e all'astuccio, chi sono i loro genitori, quali libri leggono a casa, se hanno una libreria, un computer. Dovremmo comprendere che il vero traguardo non è il voto ma la vita, la strada che riusciamo a segnare per loro.

Il mio viaggio con il pensiero è bruscamente interrotto dal vociare dei bambini. L'accento di Fatima si mischia con la cantilena indiana di Kumari e la marcata dizione cremasca di Franco. È una miscellanea di suoni, consonanti e vocali troncate e accentate che mi riporta alla realtà. È solo la prima ora. Si sono appena seduti e già sembra che siano a scuola da una vita.

Educazione alla cittadinanza

Quando in classe, all'inizio delle lezioni, osservo i miei allievi, mi vengono sempre in mente le parole della canzone *Futura* di Lucio Dalla: «E chissà come sarà lui domani, su quali strade camminerà, cosa avrà nelle sue mani...»

Alla prima ora mi capita di canticchiarla nella mente, passando tra i banchi e guardando i miei ragazzini a uno a uno.

Antonio sembra arrivato da un altro pianeta: a otto anni non riesce nemmeno ad abbottonarsi il grembiule, a legarsi le scarpe. Ma basta che abbia una matita e un foglio, e disegna lasciandoti a bocca aperta. Riuscirà a incanalare la sua vena artistica?

Eliana è una ragazzina sveglia: non ha per nulla voglia di studiare, ma ha una vivacità impressionante, una faccia tosta da vendere. Purtroppo ha alle spalle una situazione famigliare non facile. Spero che non abbandoni la scuola troppo presto.

Guardo Luigi. Suo papà fa l'agricoltore: il fratello, pure lui mio ex alunno, ha seguito le orme del padre iscrivendosi alla scuola d'agraria. Luigi ha iniziato a studiare violino. Chissà.

E poi c'è Marcello: conosce la politica meglio di molti adulti. Mi scrive cartelli in cui manifesta la sua intenzione di far cadere il governo. Un giorno è arrivato in classe e mi ha raccontato che tifa Renzi, mentre non ama Bersani. Potrebbe essere un perfetto politico.

I bambini coniugano spesso i verbi al futuro: «Quando sarò grande...» «Quando diventerò un calciatore...» «Quando mi sposerò...» Ci si diverte un sacco a sentire i loro discorsi sul domani. Parlano come se sapessero già che andrà tutto per il verso giusto. Non calcolano gli anni di studio, le difficoltà della famiglia, la lontananza dalla sede universitaria. Loro non possono fare questo tipo di discorsi. Sognano.

E fanno bene a sognare di diventare un calciatore, un veterinario, una ballerina, una presentatrice, un medico, una maestra, o un camionista «per vedere tutti i paesi d'Europa». Queste sono le professioni piú ambite a quell'età. Difficile sentire bambini che immaginano di diventare un impiegato, un informatico, un architetto, un geometra, un avvocato o un prete. Piú facile, nelle mie scuole della campagna padana, trovare chi come Gian Carlo vuol fare il formaggiaio, o chi ti spiega: «Mio papà ha l'azienda agricola, andrò a lavorare con lui».

Alla scuola primaria costruiamo le fondamenta della personalità, del profilo professionale, della cittadinanza. Il programma non può essere una gabbia. Mi ritrovo spesso ad ascoltare i bimbi, a discutere con loro in classe di qualcosa che non è contemplato nel programma ma che contribuisce a sviluppare i loro interessi. Perché già alle elementari può iniziare un processo di orientamento.

Guardatevi attorno. Sfogliate «Porta Portese» o qualche altro giornale di annunci lavorativi. Leggete a uno a uno gli avvisi: troverete un mondo di giovani laureati che scrive il proprio «necrologio in vita». Non c'è piú l'incontro tra l'offerta scolastica e la domanda lavorativa: bisognerebbe cominciare a intuire cosa sa fare un ragazzino di nove o dieci anni, e aiutarlo a sviluppare quella specifica capacità che magari, in alcuni casi, coincide proprio con la domanda occupazionale di un dato contesto storico. Per esempio, ho avuto alunni che a nove anni sapevano tutto di processori, programmi e applicazioni. Una chiara vocazione che si è tradotta con successo con l'iscrizione a un liceo tecnologico.

Ora, a nessuno venga in mente che penso a una scuola che prepara solo al lavoro. Ma non possiamo esimerci dall'interpretare la storia economica, per dare a questi ragazzini la possibilità di costruirsi un futuro, un mondo diverso.

La risposta deve arrivare fin dalla scuola primaria, che ha il compito di far amare lo studio, direzionare, orientare, offrire esperienze di lettura del mondo. Con i miei ragazzi andiamo in gita nelle falegnamerie della zona per capire, da subito, che cosa sta dietro a uno scaffale. Parlando di agricoltura e affrontando il tema del biologico, del chilometro zero, degli Ogm, possiamo coinvolgere chi ha una passione per la terra. Con la Coop abbiamo fatto un percorso sulla moda per capire le questioni legate al mercato e alla produzione dell'abbigliamento. Spesso un maestro di scuola primaria può intuire da queste esperienze l'indole di un ragazzino, piú di ogni altra persona. Anche perché una scuola che sa pensare ai suoi figli, immaginandoli innanzitutto cittadini, e poi imprenditori, artigiani, muratori, medici o avvocati, sa essere profetica.

Provate a pensare al vostro percorso scolastico. Io sono andato a riprendere le mie pagelle. Erano custodite con gelosia da mia madre in un cassetto della sala: erano ingiallite, raccolte con dovizia in una carpetta trasparente, in ordine per anno scolastico.

Sono diventato esattamente quello che la maestra Teresa aveva intuito. Nel giudizio finale che mi ammetteva alla classe terza, la mia insegnante delle elementari scriveva:

> Alex, anche se piuttosto vivace ed emotivo, sa adattarsi alla vita di gruppo e partecipare con interesse alle attività proposte. Corretta e spedita la lettura, e buona la comprensione dei contenuti. Sa osservare, riflettere ed esporre correttamente, all'orale e per iscritto, le sue esperienze. È birichino nel comportamento, ha la lingua un po' lunga e deve raggiungere piú autocontrollo.

La maestra Teresa aveva capito la mia vocazione per la parola, che non fu valorizzata alla scuola media e che fu demolita al liceo classico da una giovane docente che mi bollò con cinque in italiano. Spesso è proprio questo gap tra i diversi livelli d'istruzione che penalizza i nostri ragazzi, non li orienta, contribuisce a far perdere loro la bussola.

Dobbiamo tornare a una scuola che abbia un'idea della società che vuole realizzare, con insegnanti che cullino i sogni dei ragazzi e segnino loro la strada per raggiungerli, al di là dei genitori.

Nei prossimi anni avremo a che fare per la prima volta con una generazione a cui non basterà il tanto agognato pezzo di carta, che fino a due decenni fa era il diploma e che poi è diventato la laurea. Abbiamo tutti presenti i volti di figli, nipoti, fratelli che finiscono a distribuire volantini o a fare i baristi per mantenersi in attesa di un'occupazione piú in linea con le loro aspettative. C'è chi, con una laurea in scienze politiche, trascorre otto ore alla catena di montaggio; altri, che sono dottori in lettere, lavorano nei magazzini di qualche ipermercato. Trentenni o piú, laureati in lingue straniere o in matematica, sono sfruttati da quotidiani o settimanali. Non c'è bisogno di andare molto lontano, basta uscire di casa. Entrate in una redazione e troverete giovani che per sei o sette euro scrivono pezzi per i giornali. Nelle scuole, per il sostegno ai bambini diversamente abili ci sono laureate di ogni tipo, assunte a tempo determinato da cooperative sociali, per otto euro lorde all'ora.

A volte i miei allievi, che crescono in questo clima a tinte fosche, perdono persino la capacità di sperare. Nel loro dizionario è entrata la parola «crisi». Anche i bambini la subiscono. Non possono scendere in piazza a manifestare come fanno i giovani liceali o universitari, ma vedono madri e padri disoccupati: è la prima generazione dalla fine della Seconda guerra mondiale che cresce con la parola «crisi» sulla bocca.

I bimbi arrivano in classe portandosi dietro questo sostantivo, ascoltato la sera prima al telegiornale. A noi maestri il compito di filtrare, di far comprendere il significato di ciò che sta accadendo. L'aula non è un pianeta distaccato, fa parte del mondo. Non possiamo chiuderci a scuola escludendo ciò che accade per strada, dimenticando che il nostro vicino ha perso il lavoro, che la ditta del paese ha licenziato quaranta persone.

Ogni mattina, dopo il buongiorno, leggo il quotidiano con i bambini per discutere, per riflettere, per educarli a comprendere la realtà che ci circonda.

Un'alunna di nove anni, commentando la lettura del giornale, mi scrive: «L'Italia sta crollando perché le tasse aumentano. E vorrei che le tasse diminuissero. E anche l'Enel. Facciano una riunione e si decidano. Vorrei anche che i pensionati andassero via dal lavoro a sessantacinque anni. Vorrei che l'ambiente fosse piú pulito e che la si smettesse di buttare l'immondizia ovunque. E vorrei che le macchine utilizzassero solo il gas, che non inquina». Qualcuno si è ridotto la paghetta: «Prima prendevo dieci euro al mese. Ora, visto che c'è la crisi, ho proposto a mio padre di darmi la mancia ogni due mesi. Io, intanto, la sto mettendo da parte», mi spiega Ikram.

Anche i bambini, come i grandi, hanno paura di ciò che verrà. A volte le loro analisi sono spietate, prive di speranza. Omar, per esempio, non lascia spazio all'ottimismo: «A me la crisi fa paura. Sento spesso i miei genitori parlarne. C'è chi non paga. Mio padre dice che questo è solo l'inizio. Vorrei continuare a fare il suo lavoro in cascina ma, se la crisi aumenta, sarò costretto ad andare in qualche altro paese europeo».

Ma quando affrontiamo l'argomento «crisi», i miei ragazzi hanno pronta anche qualche soluzione, probabilmente sentita a casa e rielaborata: «Il lavoro è finito. Le aziende stanno chiudendo. Per me le tasse non devono piú aumentare, vanno abbassate. E il governo non può alzarle per comprare gli aerei militari», sostiene Fatima. Spesso nascono veri e propri dibattiti: «Dobbiamo iniziare noi a risparmiare. Qui a Ricengo c'è gente che abita in paese e usa la macchina per andare al panificio». Non avevo mai sentito parlare tanto di imposte a scuola come in questi ultimi anni: «Maestro, guarda, per me bisogna solo tagliare le tasse inutili».

Se penso ai ragazzi che incontro fin dalla prima ora, mi vengono in mente anche i volti di Gurwinder, Alexander, Fatima, Fidel, Jasskaran, Alina: sono nati in Italia, ma hanno origini indiane, marocchine, ucraine, rumene, peruviane, cubane. Se la fine del Novecento italiano è già passata alla storia come il periodo in cui abbiamo assistito a un'ondata migratoria impressionante, il XXI secolo entrerà nei libri come il tempo della reale integrazione tra italiani e migranti, che potranno essere finalmente cittadini alla pari.

Tra le immagini che conserviamo del secolo passato ci sono i barconi che arrivavano colmi di uomini, donne e bambini sulle coste del mar Adriatico: erano albanesi. Ad attraversare il Mediterraneo c'erano senegalesi, tunisini, magrebini, nigeriani. Li chiamavamo tutti «marocchini», senza distinguere. Hanno tenuto duro, nessuno li ha fermati. Si sono adattati ai lavori piú faticosi: hanno chinato la testa sotto il sole cocente e si sono sporcati le mani nelle terre della Campania, sfruttati dalla camorra. Hanno vissuto in baracche, tra le sterpaglie, sulle spiagge calabresi pur di trovare un lavoro. Hanno dormito in capannoni, su brandine di fortuna. Sono stati accolti a centinaia a Palermo da padre Biagio, in un'ex struttura dell'aeronautica militare. Quelli che sono arrivati al Nord sono finiti a fare i *magut* per padroncini che a volte li hanno sfruttati nei cantieri edili. Il Punjab si è ormai trasferito nella Pianura Padana: giovani uomini indiani, ospitati in cascine abbandonate e disperse tra i campi di mais e la nebbia, si sono improvvisati *bergamí*, mungitori. Tutto questo con una certezza: che i loro figli non avrebbero fatto la stessa fine. Li avrebbero mandati nelle scuole italiane, li avrebbero dotati di personal computer. E i loro ragazzi sarebbero diventati presto ingegneri, medici, insegnanti.

Sarà cosí. Gli alunni con cittadinanza non italiana si confermano come una realtà strutturale del nostro paese. Provo a spiegarlo anche in classe. Scrivo con il gesso bianco sulla lavagna un numero: 711 064. Sono i ragazzi migranti iscritti a scuola nel 2010-11. I piú attenti sono proprio i miei bambini arrivati da oltre le Alpi e dal mar Mediterraneo: «Siete il 7,9 per cento del totale della popolazione studentesca in Italia. La maggior parte di voi è alla scuola primaria, anche se l'aumento piú significativo nell'ultimo decennio ha riguardato le superiori, dove ci sono i vostri fratelli e sorelle».

Bisogna entrare in una classe per rendersene conto: nel giro di un decennio è cambiata la fisionomia dell'aula, sono apparsi volti di colore, bambini con gli occhi a mandorla, ragazzine con il bindi sulla fronte. «Negli ultimi anni, – continuo a spiegare ai miei ragazzi, – il numero dei bambini nati in Italia da migranti è continuato ad aumentare». Matheus mi interrompe: «Mia mamma, che lavora nel reparto maternità, mi racconta che ogni giorno nascono bambini stranieri».

Ho visto con i miei occhi una vera e propria rivoluzione: Miranda, Suada, Bairamsa hanno iniziato il percorso scolastico nel nostro paese e non hanno alcun problema. È diminuito il tasso di ritardo scolastico dei ragazzini migranti. La prossima generazione avrà un'immagine della popolazione molto diversa rispetto a oggi. Non accadrà piú che in una scuola primaria un'insegnante entri e chieda a una bimba di otto anni: «Che bellina che sei. Tua madre è straniera, vero?», sentendosi rispondere: «No, non è straniera, è filippina».

Siamo ancora lontani da una reale integrazione tra i banchi di scuola, ma non tarderà ad arrivare. Oggi non esistono classi differenziali, non ci sono discriminazioni da parte degli insegnanti. Eppure, un attento osservatore non può fare a meno di notare che i bambini di origine straniera hanno la tendenza a giocare con quelli del loro stesso paese. Cosí è stato per una bimba di colore: per mesi ha trascorso il tempo con tutti gli altri ragazzi della classe. Arrivata una compagna nigeriana, non l'ha piú mollata e ha iniziato a stare solo con lei.

Enrico, Emanuele, Dario e Giovanni, cresciuti accanto a Fatima, a Kaoutar, a Milandeep, vivranno in un'Italia dove i loro compagni di classe saranno medici, ingegneri, avvocati, impiegati. Già oggi è in parte cosí: basta pensare a Randa Ghazy. Ho incontrato Randa all'inaugurazione di una mostra fotografica sulla Palestina. Randa è nata nel 1986 a Saronno da genitori egiziani. È musulmana, non porta il velo. Appena quindicenne, ha pubblicato *Sognando Palestina*. Una scrittrice in carriera che è ormai entrata nel panorama editoriale italiano.

Ma si può pensare anche all'albanese Henri Ibi, uno tra i venticinque ragazzi con la media piú alta alla maturità del 2009, insignito per questo da Giorgio Napolitano del titolo di Alfiere del lavoro della Repubblica italiana.

Suo padre, Bujar, di certo non immaginava dove lo avrebbe portato il lungo viaggio che decise di intraprendere nel 1996. All'epoca sapeva poco o nulla dell'Italia. Era cresciuto sotto il regime comunista, che non aveva permesso a nessuno di uscire dall'Albania. Si era laureato, aveva scelto di seguire la strada dell'accademia militare a Tirana. A trentacinque anni, dopo essersi congedato dalle forze di polizia, la scelta di partire: da Pogradec a Tirana in autobus, da Tirana a Bari in traghetto. E poi da Bari a Cremona, dove viveva un cugino. Sembra di vedere quest'uomo che attraversa lo Stivale mentre guarda dal finestrino del treno la cartolina del nuovo mondo.

Henri ricorda ancora il giorno in cui suo padre partí: «L'ho salutato quando ha messo piede sui gradini del pullman. Ho visto l'ultimo sguardo che ha lanciato dal finestrino. Mia sorella Agiola, che aveva solo quattro anni, piangeva in braccio alla mamma». Henri non lo rivide per ventisette mesi. Bujar, intanto, iniziò a lavorare, adattandosi a fare qualsiasi mestiere – muratore, operaio, scaricatore – senza mai arrendersi, nemmeno quando scadde il permesso di soggiorno e lui rimase in Italia da clandestino. Dal 1998, grazie alla legge Turco Napolitano, il papà di Henri non ebbe piú bisogno di nascondersi. E nel 2001 riuscí a portare in Italia la moglie Adriana e i figli.

«Sono arrivato a Cremona dopo aver fatto quattro anni e mezzo di scuole elementari in Albania. Da piccolo non avevo sogni, non avevo idea di cosa avrei voluto fare da grande. Ho scelto il liceo psicopedagogico. Ho sempre avuto una passione per lo studio, mi è stata trasmessa dai miei genitori, entrambi laureati in Albania. Ricordo ancora quando frequentavo le scuole medie: mio padre, che tornava a casa la sera tardi dal lavoro, passava ore ad aiutarmi a imparare l'italiano, seduto accanto a me, con gli occhi che gli si chiudevano dalla stanchezza».

Henri non ha dimenticato nulla. Nel 2009, come detto, è arrivato al Quirinale, tra gli studenti piú bravi d'Italia. Non avrebbe mai pensato di giungere a quel traguardo. È finito sui quotidiani nazionali, e non ha smesso di guardare avanti. Oggi, grazie a una borsa di studio, vive nel prestigioso collegio universitario Lamaro Pozzani dei Cavalieri del lavoro ed è iscritto alla facoltà di giurisprudenza di Tor Vergata di Roma. Il suo sogno è diventare un magistrato. Tra le esperienze che l'hanno portato a scegliere con convinzione questa strada ci sono stati i viaggi d'istruzione nelle terre confiscate alla mafia e la conoscenza della storia di Giovanni Falcone e Paolo Borsellino.

«Sono consapevole delle difficoltà, – racconta il giovane albanese che ha finalmente avuto la cittadinanza, – ma ci proverò. Dopo quattro anni in questo collegio universitario della capitale, quando al mattino apro gli occhi e vedo il Colosseo, non riesco ancora a capacitarmi dell'opportunità che ho avuto. Penso a chi ero, a dove vivevo. Nemmeno mio padre avrebbe mai pensato che suo figlio potesse avere un'occasione del genere».

Ma quanti sono quelli che oggi ce la fanno?

Chiedete agli studenti di una quinta elementare o di una classe delle medie se sanno cosa sono la Costituzione, la Dichiarazione universale dei diritti dell'uomo o la Carta dei diritti dell'infanzia. Qualcuno parla di «Constituzione», qualcun altro la scambia per la costituzione fisica. Un ragazzino che gioca in una squadra di calcio mi ha risposto con fermezza: «Ma sí, è il certificato che ti fa il medico».

Nulla che abbia a che fare con il «libro degli italiani», che dovrebbe essere sopra il banco di ogni alunno e sulla cattedra di ogni maestro. Dovremmo appendere gli articoli nell'atrio dei nostri istituti, in modo che i ragazzi si abituino a leggere «Tutti i cittadini hanno pari dignità sociale» o «L'Italia ripudia la guerra».

I principî, i temi e i valori della Costituzione rappresentano le fondamenta della convivenza nelle nostre classi. Parlare di democrazia significa imparare a prendere una decisione insieme, anche a scuola.

Mi ricordo che, quando la bidella, visti gli incessanti giorni di pioggia, ha invitato in maniera decisa i miei alunni a non uscire in giardino durante l'intervallo, loro, abituati a scegliere insieme, si sono ribellati e hanno iniziato a urlare in classe: «Democrazia! Democrazia! Democrazia!» Una vera e propria protesta contro la scelta della collaboratrice scolastica, preoccupata dal canto suo di assicurare la pulizia dell'edificio.

Ho suggerito ai bambini di trovare una mediazione, che garantisse loro il diritto al gioco in giardino ma che li portasse anche ad assumersi il dovere di rispettare il luogo dove vivono. E cosí è arrivata la soluzione: uscire cambiandosi le scarpe. Proposta accettata dalla bidella, con buona pace di tutti: «Grazie, maestro, d'averci insegnato la democrazia, serve davvero». È stato in quel momento che mi sono accorto che la Costituzione era calata nella realtà, era entrata a far parte della vita dei miei ragazzi, che un giorno, di fronte a un diritto violato, sapranno come comportarsi e a chi rivolgersi.

Chiamiamola come preferiamo: educazione alla cittadinanza o educazione civica. Ma ciò che serve è sapere che quei bambini sono cittadini, a sei, a dieci o a tredici anni. Quando insegno nelle classi quinte, penso sempre che, dopo otto anni, i ragazzi che ho davanti esprimeranno in una cabina elettorale la loro scelta per il paese. Spesso nessuno insegna loro cosa sono la Camera, il Senato, il Parlamento europeo, il Comune: «Gli altri insegnanti, – mi sussurrano, – dicono che non si deve fare politica a scuola».

Intanto Mirko, a dieci anni, mi scrive: «Il Parlamento è dove si parla molto noiosamente, si prende una barca di soldi e non si fa un fico secco». È la fotografia che stiamo consegnando ai nostri ragazzi, il biglietto da visita delle nostri istituzioni. E per contrastare quest'idea, ogni anno nelle mie classi eleggiamo il sindaco, con una vera e propria campagna elettorale. I candidati presentano i propri programmi.

Federico mi ha illustrato i suoi otto punti su un foglio A4:

Ristrutturare l'oratorio
Una nuova palestra
Una farmacia a Ricengo
Mantenere curati e puliti i parchetti

Assicurarsi che i proprietari di animali non sporchino gli spazi pubblici
Organizzare piú eventi sportivi o culturali adatti a tutti
Le supplenti per la scuola
Fare usare a tutti la lavagna multimediale.

Tredici i punti programmatici del suo avversario, Matteo:

Avere rispetto per le donne e gli uomini. Stop ai violenti
Vietato bestemmiare nei luoghi pubblici
Non drogarsi e non seguire gruppi conducenti alla rovina della vita
Non andare o viaggiare in giro ubriachi
Cercare di donare denaro alle persone piú bisognose
Allungare gli intervalli delle scuole! E piú vacanze ai lavoratori
No alle violenze sui nonni e sulle nonne
Togliere da internet i blog falsi
No alla fuga (di tutto)
Restaurare Villa Obizza
Costruire una ditta a Ricengo
Costruire un nuovo luna park a Offanengo
Per ogni città o paese un negozio d'abbigliamento.

Vere e proprie elezioni, con tanto di seggio, hanno proclamato Federico sindaco. Per qualche ora ha indossato la fascia ufficiale del primo cittadino di Lodi, dove siamo andati per sperimentare come funziona un consiglio comunale. E alla fine della mattinata qualcuno mi ha chiesto: «Ma da grande potrò davvero fare il consigliere comunale?»

La sfida della scuola è una: costruire una comunità di cittadini consapevoli. Dobbiamo educare i bambini a stare per strada, ad affrontare il mondo, ad andare a scuola in bicicletta quando hanno otto anni.

Una volta ho chiesto ai miei allievi di terza di portare a scuola la due ruote. «Maestro, ma noi la usiamo solo in cortile», mi ha risposto Gaia. Usciamo dai recinti, mi son detto. Siamo andati per le strade del piccolo paese di Salvirola, mappando i luoghi in cui era presente una pista ciclopedonale e i posti in cui non c'era. Abbiamo imparato a leggere i cartelli stradali, affrontato la paura. Ma non basta.

Nel XXI secolo chi sta seduto dietro o davanti a una cattedra deve fare i conti con un'altra realtà: tra i banchi ci sono piccoli cittadini digitali. Leggo con loro la cronaca del quotidiano locale «La Provincia» di Cremona: «Insulti su Facebook, sospese. Due ragazze passano dalle offese online a quelle in classe». I ragazzi si stupiscono. Qualcuno cerca di difendere le studentesse: «Ma dài, per qualche parola via chat, magari scherzavano».

Provo a parlare dell'idea di un patentino per usare i social network. Come guidare un motorino: chi compra un ciclomotore deve conoscere i segnali e rispettare il codice della strada. Forse servirebbe una sorta di «licenza» anche per chi entra nel mondo di Facebook o di Twitter.

Addio, quindi, alla vecchia lezione di educazione civica usata dai professori all'ultima ora o al sabato, «perché piú leggera». Si educa a diventare cittadini nelle ore di informatica, di matematica, di religione, di italiano, di geografia e di educazione motoria.

Si educa a diventare cittadini sempre, in ogni momento della giornata, fin dalla prima ora.

Storia

«La morte di Steve Jobs, il lancio del primo iPhone, le Torri Gemelle, la presunta morte di Bin Laden». Se chiedete a un ragazzo dai dieci ai tredici anni di ricordare qualche evento della storia del Novecento, vi risponderà cosí.

Si è persa l'abitudine della memoria. Nessuno ricorda piú quello che è accaduto solo sessant'anni fa. La generazione Duemila sembra non aver ereditato nulla dai propri genitori. Nessuno, forse, ha raccontato loro quanto è accaduto dal 1950 al 1999. Non l'hanno fatto i nonni, da sempre depositari del passato, non l'ha fatto la maggior parte dei genitori. Nemmeno la scuola sembra sentire la necessità di tramandare la nostra storia.

Cos'è la memoria per un bambino? Me l'ha spiegato bene Daniele, di nove anni: «È una scatola con tutti i tuoi ricordi». Un contenitore che rischia di raccogliere solo le storie di chi si è conosciuto: volti, parole, aneddoti di persone che hanno fatto parte della nostra vita. Qui sta la scommessa della scuola: aprire gli occhi dei ragazzini, far conoscere loro la scatola dei ricordi del nostro paese e non solo.

Ferruccio Romanenghi è il sindaco del paesino di campagna dove si trova la mia scuola, costruita da poco. L'amministrazione ha deciso di intitolarla a padre Sandro Pizzi, un missionario che è stato ammazzato in Africa da una gazzella. Nell'atrio della scuola c'è una sua fotografia: in braccio ha un bambino di colore. I ragazzini hanno imparato a conoscere quest'uomo: qualche insegnante, i genitori, hanno raccontato loro chi era, cos'ha fatto. Oggi padre Sandro fa parte della scatola dei ricordi. Nessuno dei miei bambini sa, invece, chi sono le persone o le ricorrenze che danno il nome alle vie in cui abitano.

Quando ero piccolo, dato che vivevo in via IV Novembre, mi sono domandato infinite volte: «Cosa sarà successo di tanto importante quel giorno?» Non c'era internet, mio padre e mia madre non me l'hanno mai spiegato. Pensavo che quella data fosse legata in qualche modo alla festa dei Santi. Solo da adolescente ho scoperto che il 4 novembre era finita la Prima guerra mondiale. Cosí è per i miei bambini: «Io abito in via Marconi, ma non so chi è questo qui, sarà il fondatore della strada». Chissà quante volte Stefano avrà visto la foto del fisico bolognese senza sapere che era proprio l'inventore della radio.

I miei allievi hanno sete di memoria, vogliono una risposta ai loro dubbi, ma non la trovano sui banchi di scuola. Anche perché la parola «memoria», spesso, è diventata solo sinonimo di «rito». A proposito, qualche collega ogni 27 gennaio mi sollecita con un: «Mi raccomando, tu che te ne intendi, è il Giorno della memoria».

E cosí, i ragazzini della scuola primaria di quella data conservano solo l'idea di un anniversario. Basta provare a chiedere in una quarta o quinta: «Che cos'è la Shoah? Che cos'è l'Olocausto?» La risposta non è mai immediata. Ma nel giro di qualche minuto uno alza la mano e dice: «Ah sí, i campi di concentramento, dove hanno ucciso gli ebrei». Ecco cos'è rimasto. Vengono in mente le parole dello storico francese Georges Bensoussan in un'intervista a «La Stampa»:

> Non si può insegnare la Shoah ai bambini, non si può mostrare loro Treblinka. Perché è una memoria troppo pesante, troppo dura da portare e finisce per colpevolizzarli. Si può, anzi si deve, insegnare loro cosa c'è intorno alla Shoah, cosa sono il razzismo o l'intolleranza.

Molti insegnanti fanno bene a mostrare *La vita è bella* di Roberto Benigni. Ma non dobbiamo dimenticare di parlare ai nostri ragazzi anche dei rom, degli omosessuali, dei diversamente abili, dei pazienti psichiatrici e dei testimoni di Geova che subirono le violenze naziste.

La storia non può essere impressa solo nei libri, nella giaculatoria degli insegnanti o nei monumenti. Deve diventare realtà, passaggio di testimone attraverso incontri con le persone che l'hanno vissuta sulla propria pelle, come il partigiano Armando Gasiani, un arzillo ottantacinquenne bolognese che fu deportato a Mauthausen, o l'ebrea Elisa Springer, che sino alla fine dei suoi giorni andava per le scuole a mostrare il numero tatuato sulla pelle.

La parola «memoria», poi, non deve essere solo legata ad Auschwitz. Quando parlo di rom in classe, c'è sempre una maggioranza di ragazzini che mi rimprovera con un: «Maestro, ma loro rubano, prendono i bambini». In molte classi smonto questi pregiudizi leggendo *Una casa sulle ruote* di Corrado Ferri o *Girogirotonda* di Federico Taddia. La storia di Dorin, piccola rom che chiede la carità al semaforo, è molto adatta ai bambini di prima e seconda elementare: cosí riesco a seminare tolleranza, sperando che nessuno di questi ragazzini un giorno possa provare odio verso un rom.

Per ricordare quello che succedeva nei campi di concentramento e nella Seconda guerra mondiale, non bastano le fotografie in bianco e nero, ci vuole anche la musica: *Auschwitz* di Francesco Guccini e la storia di Jack, cantata da Mario Mantovani, fanno parte del mio programma. Percorsi che affascinano i ragazzini esausti delle «canzonette» propagandate in tutte le salse da maestri ed esperti, quasi che la scuola fosse una sorta di *Zecchino d'oro* in piccolo.

Mi fa sempre sorridere pensare a chi rinchiude la memoria in una materia: l'etimologia della parola «ricordare» ci rimanda a *cor*, ossia «cuore». I Romani, non a caso, erano convinti che la memoria risiedesse nel cuore. I bambini lo sanno bene, perché parlano spesso, per esempio, dell'amico del cuore, quello che portano sempre nella memoria. La sfida è questa: lasciare nella sede della memoria la valigia degli eventi del Novecento, in modo che i bambini possano continuare nel XXI secolo il viaggio iniziato a scuola.

Sono cresciuto con il poster del presidente della Repubblica Sandro Pertini appeso in camera. Ricordo che l'avevo trovato tra le pagine della rivista «Il Piccolo Missionario». Credo che qualcuno mi avesse parlato di quell'uomo, forse la maestra Teresa. Non certo i miei genitori che non guardavano nulla al di là del telegiornale del primo canale. Eppure conservo ancora un'edizione straordinaria di «Gente Mese», che avevo acquistato all'età di quattordici anni, dedicata alla leggenda del presidente piú amato dagli italiani.

Pertini diventò l'inquilino del Quirinale quando avevo tre anni, e vi rimase fino al 29 giugno 1985. Avevo dieci anni, l'età dei miei alunni, quando abbandonò la carica di capo dello stato. Eppure sapevo bene chi era quell'uomo con la pipa, che era anche stato in esilio perché antifascista.

Chiedete oggi ai ragazzini di nove anni: «Chi è il presidente della Repubblica?» Dapprima si guardano in faccia sbigottiti. Cercano il suggerimento del compagno di banco. Poi, il piú studioso della classe alza la mano e afferma convinto: «Berlusconi». Oppure: «Monti». Non sanno nemmeno chi sia Giorgio Napolitano, nonostante non manchi la classica foto appesa in classe o nell'atrio della scuola.

Non siamo stati neppure capaci di tramandare il ricordo di Aldo Moro. Tutte le generazioni precedenti sono diventate grandi ricordando quel 9 maggio 1978. Nelle scuole medie degli anni Ottanta arrivava una circolare che invitava a osservare un minuto di silenzio in memoria di Aldo Moro. Ho ancora in mente quei sessanta secondi, passati senza aprire bocca, che persino il professore di educazione motoria, da sempre sbeffeggiato dai ragazzi per il suo modo un po' buffo, ci faceva osservare.

In quegli anni si mostrava anche *Il caso Moro*, il film del regista Giuseppe Ferrara. Ricordo fin troppo bene l'immagine della Renault 4 rossa con il corpo di Moro rannicchiato nel bagagliaio: non mi è piú uscita dalla testa. E se oggi insegno ai miei ragazzi chi era quel presidente del Consiglio, è perché qualcuno mi ha passato il testimone della memoria. Il dramma è che a un certo punto quel minuto di silenzio, che a dire il vero avrei voluto fare anche per Peppino Impastato, ucciso dalla mafia lo stesso giorno e anno di Aldo Moro, è sparito.

Quando sono arrivato da maestro nel mondo della scuola, mi sono accorto che la memoria era stata cancellata. «Moro? Chi è, maestro? Uno dello sport?», mi hanno domandato i miei ragazzini. O ancora: «Non è la piazza dove prendo il pulmino?»

Non ho perso l'occasione. Uno dei libri che arriva sui banchi della mia scuola ogni 9 maggio è *Un uomo cosí* di Agnese Moro, una delle figlie dello statista. Un testo che, attraverso episodi della vita di tutti i giorni, avvicina la figura del politico ai bambini, i quali si incuriosiscono, vorrebbero sapere di piú su di lui.

Ho addirittura invitato Agnese Moro a venire in classe, nella piccola frazione di Bottaiano: per un giorno è stata lei la maestra. Lo statista è diventato «uno di noi», è entrato a far parte della sezione anche grazie a una fotografia che sua figlia ci ha lasciato e che abbiamo appeso sulla bacheca accanto a quelle di Giovanni Falcone, di Paolo Borsellino, di Peppino Impastato e del subcomandante Marcos.

Dal libro, ristampato cinque anni dopo l'uscita con un capitolo dedicato a chi ha tenuto vivo il ricordo di Aldo Moro, ho scoperto che in qualche scuola si parla ancora della sua figura. Nell'istituto comprensivo Luigi Staibano di Maiori, per esempio, la maestra Angiola Amarante ha parlato del politico persino ai bambini di seconda elementare, che ora lo chiamano «nonno Aldo». Una cosa simile è accaduta ai bambini siciliani di una scuola nelle vicinanze di via D'Amelio che, dopo la strage del 19 luglio 1992, hanno incontrato Rita Borsellino per conoscere meglio il magistrato Paolo. E presto hanno iniziato a chiamarlo «zio Paolo».

Ricordiamoci, però, che siamo in Sicilia. Basta andare milleduecento chilometri piú a nord, entrare in una classe, appendere, come faccio io il primo giorno di lezione, l'ormai celebre fotografia di Borsellino e Falcone, per scoprire che nemmeno questa parte di storia è stata tramandata alla generazione Duemila. «Sí, quello con i baffi l'ho visto... forse in un film», accenna timidamente qualcuno. «Sono due politici», afferma sicuro il primo della classe. «No, no, io li ho visti con Riina, nel film sulla mafia». Un passo in avanti. Eppure dal 1992 a oggi non si può dire che la figura dei due magistrati sia stata dimenticata. Al Nord, dove fino al 1998 non c'era una sola via dedicata alle vittime della mafia – come se il problema non riguardasse questa parte d'Italia –, ora ci sono piazze, scuole, vie, parchi intitolati a Giovanni Falcone e a Paolo Borsellino.

In ogni caso, oggi corriamo il rischio che la generazione Duemila non sappia quello che è avvenuto venti o trent'anni fa nel nostro paese: è raro trovare chi ricorda il generale Carlo Alberto dalla Chiesa, ucciso il 3 settembre del 1982, Rosario Livatino, assassinato il 21 settembre 1990, e don Pino Puglisi, ammazzato il 15 settembre 1993.

L'esercizio della memoria deve essere quotidiano. Sulla mia cattedra, accanto alla Costituzione e all'iPad, c'è, fin dal primo giorno di scuola, l'agenda dell'antimafia, realizzata dal Centro siciliano di documentazione Giuseppe Impastato. Ogni lezione inizia con una «preghiera laica»: ricordiamo chi ha perso la vita a causa della criminalità organizzata. È in questo modo che i bambini scoprono chi sono Placido Rizzotto, Mauro Rostagno, Libero Grassi, Rita Atria, Giuseppe Fava, ma anche il piccolo Giuseppe Di Matteo, sciolto nell'acido perché figlio di un collaboratore di giustizia, o Michele Fazio, il quindicenne ammazzato mentre rientrava a casa nella Bari vecchia. E se all'inizio dell'anno i bambini restano a bocca aperta, senza comprendere perché il maestro debba ricordare qualcuno che è stato ucciso, dopo qualche settimana sono loro stessi a dirmi: «Maestro, dobbiamo leggere chi è morto oggi».

Nel ripercorrere la storia di questi uomini e di queste donne – che sono stati magistrati, giornalisti, commercianti, carabinieri, contadini, sindacalisti –, c'è chi ha imparato a coniugare il verbo «impegnarsi» in prima persona. «Perché non chiediamo al sindaco di dedicare una via a Giuseppe Di Matteo?», mi ha proposto qualche anno fa Francesco. Un'idea che è stata realizzata. Qualcuno, invece, ha imparato a leggere l'attualità: «Ma da noi c'è la mafia?» E non solo. Nel ricordare chi ha perso la vita a causa della criminalità organizzata, i miei ragazzi hanno imparato a declinare ancora di piú, nella propria esistenza, i termini diritto, dovere, democrazia, lotta, protesta.

Nelle classi in cui si lavora sulle vittime della mafie, i nomi di Carlo Alberto dalla Chiesa, Placido Rizzotto o Rosario Livatino diventano presto un punto di riferimento, proprio come fu per me Sandro Pertini. I miei allievi, dopo aver saputo chi era Rostagno, hanno cominciato a chiamarlo Mauro, apprezzandone l'ironia, il vivere alla grande: a loro è piaciuto questo concetto. Un giorno mi hanno detto: «Mauro sapeva mordere la vita». È grazie a lui che abbiamo appreso il valore della denuncia. Clara mi ha scritto: «Mauro mi ha insegnato a dire sempre la verità. A dare la vita alla vita».

I bambini imparano a sentire nella loro quotidianità i valori per i quali queste persone hanno vissuto e sono morte. Non possiamo pensare che siano vicende che non li riguardano.

È un paese, il nostro, che non è capace di parlare nelle scuole di Fabrizio De André o di Giorgio Gaber, cantautori sconosciuti alla maggior parte dei nostri ragazzi, che iniziano a scoprirli solo verso la maggiore età.

Nelle scuole primarie si preferisce insegnare le canzoncine di Natale, qualche filastrocca o l'inno di Mameli, ora obbligatorio per legge. Non ho nulla contro il testo composto da Goffredo Mameli su musiche di Michele Novaro: in occasione del centocinquantesimo anniversario dell'Unità d'Italia l'ho fatto ascoltare nell'interpretazione di Roberto Benigni. Però, non ho mai obbligato nessuno a impararlo, perché ho ben presente la noia che i bambini provano nel ripetere per decine di volte lo stesso testo. Alla faccia della creatività. Inoltre i miei allievi mi confidano: «Uffa, maestro, oggi ci hanno fatto fare ancora *Fratelli d'Italia*». E cosí questa musica di grande valore storico rischia di far la fine di *I promessi sposi*, che pochi di noi hanno amato e imparato ad amare perché l'hanno dovuto sorbire in tutte le versioni possibili in classe.

Ai bambini piace molto di piú imparare certe canzoni di Gaber. Nel 2009 il ministero della Pubblica istruzione e la Fondazione Giorgio Gaber hanno firmato un protocollo per lanciare un piano triennale, volto a incoraggiare i giovani a confrontarsi con l'opera dell'artista. Tuttavia, non ho mai visto colleghi impegnati nel promuovere Gaber. Solo a Catanzaro nel 2012 un polo dell'istituto Mater Domini è stato intitolato al cantante.

In ogni caso, i figli del Duemila, e soprattutto le figlie, arrivano a scuola con le riviste sugli One Direction, i cinque ragazzi britannici che nel giro di due anni hanno fruttato un business da cinquanta milioni di sterline. È chiaro che per i miei allievi sono questi i nuovi modelli della musica. Ma ho visto bambini appassionarsi a *Il pescatore* e a *La guerra di Piero* di De André, e comprenderne il significato. Senza dimenticare che la storia della nostra musica passa anche attraverso i canti sociali e rivoluzionari della Resistenza. Angelo, per esempio, si è appassionato a *Bella ciao*, tanto da chiedermi di riascoltarla piú volte. E i canti delle mondine portano i ragazzini in un mondo lontano, quasi fiabesco.

In classe ci troviamo cosí ad ascoltare musica «da disco» e a cantare Fabrizio De André, senza dimenticare la tradizione popolare. In questo modo cerco di riempire quel bagaglio che la generazione Duemila si porta dietro. Spesso è uno zaino che rischia di restare vuoto proprio a causa della scuola.

L'ho compreso durante un viaggio fatto con alcuni miei allievi. Indossavo una maglietta con stampata una data: 2 agosto 1980. Con quella t-shirt avevo sfilato a Bologna lungo via Indipendenza fino alla stazione per «fare memoria» di uno degli atti terroristici piú gravi avvenuti in Italia nel secondo dopoguerra. Subito, quella mattina, è iniziato il totoscommesse: «È la data del tuo compleanno?» «È il giorno di una strage di mafia?» «È l'anno in cui ti sei diplomato?» Non è stato facile trovare chi conoscesse quella data. Matteo ha confuso Bologna con Genova: «È quando c'era la gente che protestava, e ne hanno date tante che poi è morto anche uno?» La generazione del XXI secolo non sa nulla di Piazza Fontana, dell'attentato a Giovanni Paolo II, della strage di Brescia. Gli anni Sessanta, Settanta e Ottanta sembrano la preistoria. Me l'ha dimostrato Benedetta. Quando le ho chiesto di Ustica, mi ha risposto: «Sí, un aereo che è precipitato nel mare... non ricordo quale». Per un attimo mi sono illuso che forse eravamo riusciti a tramandare qualcosa. Poi la ragazza ha aggiunto: «È in Italia, Ustica? Sí, ora ricordo: la pista era troppo corta e l'aereo è volato giú...»

Impossibile parlare dell'eccidio di Monte Sole. «Eh? Cos'è?», mi ha risposto Mirko, di dieci anni. Nemmeno Tangentopoli, che tanto aveva entusiasmato gli italiani, è stata raccontata ai nostri ragazzi. I loro padri erano tra quelli che scrivevano sui cavalcavia «Forza Di Pietro», o che facevano il tifo per Gherardo Colombo, Ilda Boccassini e Saverio Borrelli quando vedevano in televisione sfilare nell'aula del tribunale i politici della Democrazia cristiana e del Partito socialista. Di quella stagione nulla è rimasto: «Tangentopoli... dev'essere uno scandalo della politica, giravano bustarelle. Hanno arrestato uno anche in questi giorni. Zorro... no, Batman. Come si chiamava?»

Qualcuno confonde quel periodo con un altro scandalo: «A me viene in mente Calciopoli», mi ha spiegato Marika, di dieci anni. Nessuno ricorda piú nemmeno i duemila morti della strage del Vajont. Eppure basterebbe, quando in quinta si insegnano le regioni italiane, parlare del Monte Toc e del disastro causato il 9 ottobre del 1963.

Sembra che anche la scuola si sia data il compito di cancellare la storia. Nei libri dei ragazzi di dieci anni non c'è un solo accenno ai fatti accaduti nel Novecento. Il secolo scorso viene ufficialmente trasmesso solo a partire dalla terza media, con testi scolastici spesso superficiali. Provo a prendere in mano uno di questi libri. Si parla del 2 giugno del 1946, ma non del 25 aprile del 1945. La parola «mafia», sebbene nel nostro paese siano state ammazzate oltre ottocento persone per mano di Cosa Nostra, camorra, 'ndrangheta, Sacra Corona Unita, non viene mai nominata, e la questione viene liquidata in tre righe in fondo al capitolo sulla situazione economica dell'Italia negli anni Novanta. Giovanni Falcone e Paolo Borsellino non sono nemmeno citati. Provo a sfogliare qualche pagina ancora. Cerco nel capitolo *Terrorismo e Brigate Rosse* i nomi di Giorgio Ambrosoli, Luigi Calabresi, Walter Tobagi. Non ci sono. L'unico a essere menzionato è Aldo Moro.

Leggendo un testo del genere sembra che la storia del secolo appena trascorso, quello che è stato vissuto dai nostri padri, possa essere riassunta in poche righe, in maniera distratta. Libri simili andrebbero banditi. Chi educa ha la necessità di avere pagine che offrano reali occasioni di approfondimento, suggerendo pubblicazioni, film da vedere, applicazioni da scaricare sul proprio iPad o iPhone, cd da ascoltare, viaggi da fare.

Cosí, nelle teste dei nostri ragazzi sono rimasti solo pochi eventi della storia del secolo scorso oltre all'Olocausto. La maggior parte dei ragazzini non sa nemmeno dove sia Srebrenica: non si conserva la memoria del peggior genocidio dalla Seconda guerra mondiale a oggi. Eppure furono in ottomila, tra uomini e ragazzi, a morire.

«So che negli anni Ottanta, – dice Simone, – c'è stato il disastro di Černobyl'. Ogni anno vengono ospitati nei nostri paesi alcuni ragazzini della Bielorussia». Ma non solo. Nell'album dei ricordi sopravvive anche la caduta del muro di Berlino. «Il muro era stato fatto per dividere la Germania in est e ovest. Nella parte ovest c'erano quelli liberi. Quelli dell'est, invece, cercavano di andare al di là del muro per conquistare la libertà».

Solo alcuni eventi degli anni in cui i miei ex alunni sono venuti alla luce sono entrati a far parte della loro vita. Per esempio, l'attacco terroristico alle Torri Gemelle di New York: tutti sanno che la tragedia è avvenuta l'11 settembre del 2001. Questa data è rimasta appiccicata alla loro pelle. Anche il 2002, anno d'ingresso della nuova moneta, è stampato nella loro memoria. I figli del XXI secolo hanno visto le mille lire con il volto della Montessori solo nei film. Oppure le conservano come reliquie in qualche quadretto.

I bambini della scuola elementare ricordano bene quanto è accaduto il 13 gennaio 2012 all'isola del Giglio. Della *Concordia* hanno parlato tutti, persino i piú piccoli, quelli di sette anni. Proprio loro mi hanno rammentato l'importanza di una parola: responsabilità. Non è facile parlare con loro di attualità: dal momento che non sanno ancora leggere bene un giornale, apprendono le notizie dalla tv, ascoltandole in dibattiti e trasmissioni di ogni tipo.

«Maestro, il naufragio della *Concordia* è stato come quello del *Titanic*. Sulla *Concordia* una bambina è scomparsa, e due signori non sapevano nuotare. Il capitano se n'è fregato, però. Gli hanno detto di salvare gli altri, ma lui non è andato. Un cameriere ha fatto salire le persone sulle scialuppe. Ha salvato centocinque persone», spiega Marco. «Ah sí! – aggiunge Lucia. – Il capitano l'ha fatto apposta, ad andare contro lo scoglio». Pronta la replica di Anna: «Ma no, non l'ha fatto apposta. Stava girando, ha forzato il *volante*».

«Sai, maestro, questa storia, – conclude Sara, – ci insegna il senso della responsabilità. Se noi portiamo qualcuno a fare una gita in montagna, dobbiamo dirgli come ci si arrampica; e se si fa male, dobbiamo fermarci ad aiutarlo. Se c'è un incendio a scuola, i maestri devono uscire per ultimi, perché sono loro i responsabili. Noi abbiamo la responsabilità di aiutare mamma e papà, e quella di curare gli animali che abbiamo a casa. Ma anche a scuola abbiamo la responsabilità di tenere in ordine l'aula. Ecco, il capitano non ce l'ha avuta, la responsabilità».

Ci voleva la vicenda della *Concordia* per rispolverare questa parola, uscita dal vocabolario degli italiani e della scuola pubblica italiana.

La storia è anche legata alle tradizioni, alla conoscenza della propria terra, del luogo dove si è nati e dove si vive. Quante volte ho visto il film *L'albero degli zoccoli* di Ermanno Olmi per capire come si viveva alla cascina Ronchi, dove oggi abitano gli indiani arrivati dal Punjab. In quella corte, in quell'aia, è racchiusa la storia della nostra Pianura Padana. La cascina era un piccolo mondo, che comprendeva anche la scuola, la chiesa, le osterie. Quelle cascine, oggi, non le frequenta piú nessuno. Sono musei a cielo aperto che nessuna classe, nessun ragazzo vive.

Come si può pensare di studiare la Pianura Padana senza aver mai messo piede in un tipico podere del Cremonese o del Mantovano? L'architettura delle nostre case, l'urbanistica dei nostri paesi sono nate attorno alla cascina. I nonni, una volta, portavano a vedere questi luoghi, dove immaginavi per un attimo di ritornare alle scene del film di Olmi: rivedevi il maiale ammazzato sull'aia, risentivi l'eco dei canti d'autunno nella stalla e il suono della *trabacula*, la tavola di legno con due batacchi di ferro che serviva ad annunciare la messa del Venerdí santo, quando le campane erano legate.

I figli del Duemila sono i primi a non avere piú i nonni che raccontano le leggende di paese. Nessuno dei miei ragazzi conosce la storia del lago Gerundo, formato da una serie di paludi tra i fiumi Adda e Serio: si narrava che, nei giorni di nebbia, si poteva vedere un drago enorme, chiamato Taranto. Il drago viveva nelle lanche tra Crema e Lodi, nutrendosi di pesci, animali e uomini. E cosí, nei giorni di nebbia, si diceva di non uscire di casa.

Di fronte alla vecchia scuola primaria di Bottaiano, all'angolo tra via Offanengo e via Ricengo, c'è un cippo stradale. A nessuno dei miei alunni è mai venuto in mente di capire cosa fosse e perché fosse stato messo lí. Leggendo bene le scritte, si comprendono chiaramente le parole «Ricengo» e «Crema», divise da una freccia che punta verso ovest: un antico cartello stradale, che indicava la via da seguire e spesso anche i chilometri.

Si è perso il passato. Non c'è un mio allievo che si chieda cosa sono quelle ciminiere in mattoni rossi che sfregiano il cielo tra i campi di mais, e neppure cosa si faceva attorno alla pala del mulino Venturino lungo la roggia Babbiona. Alla generazione Duemila non interessa sapere l'etimologia del nome del proprio paese.

È un'altra storia, questa del Duemila. Sono sparite persino le figure Panini. O meglio, sono scomparse quelle dei calciatori. Sul sito della storica azienda si pubblicizzano gli album di Violetta, delle avventure del pesce Nemo, dei gladiatori di Roma. Sui banchi di scuola, i miei alunni maschi di dieci anni passano la mattinata a scambiarsi carte dei Pokémon che raffigurano Metalbomba, Darumaka, Lillipup, Quagsire e Fraxure mentre infliggono danni agli avversari. Addio alle figurine di Facchetti, Zenga, Altobelli, Scirea e Ferri, quindi. Internet ha mandato in soffitta gli album, tant'è che da anni, davanti ai cancelli delle scuole, non si vedono piú nemmeno quelli che li regalavano. La generazione del Duemila non ha mai sentito l'odore dell'adesivo delle «figu». Sono stati buttati in cantina anche *Risiko*, *Monopoli*, *Indovina Chi?*, *Forza 4*, *Battaglia navale*. Dopo aver resistito per decenni e conquistato ogni generazione, quei giochi, oggi, sono materiale da museo.

Non sono rimaste nemmeno le sagre di paese. Le autopiste, il calcinculo, le giostre con i cavalli di legno e il codino da prendere non esistono nella vita di un adolescente. Ne parlavo con alcuni giostrai. «Siamo stati costretti a cambiare il nostro lavoro, a pensare nuove attrazioni che attirino i piú piccoli, – mi ha spiegato Matteo, che ha diciott'anni e vive in una roulotte, in giro tra una festa di paese e l'altra. – Io vorrei continuare l'attività di mio padre e di mia madre, ma non so per quanti anni ancora riusciremo a resistere».

Spesso osservo la generazione Duemila nelle nostre piazze. Fuori dalle aule di scuola. Lontana dai conformismi, dagli occhi dei maestri o dei professori.

A nove o dieci anni sanno molto, a volte troppo. Li senti parlare di iPhone e iPad, di giocatori del Milan, della Juventus, dell'Inter. Vanno al cinema, magari a vedere qualche cinepanettone. Ascoltano musica con l'iPod. C'è chi suona e persino chi balla: in questi ultimi anni, alcuni dei miei allievi si sono iscritti a scuole di liscio e di mazurka. Un figlio di amici, dal quale cercavo di capire cosa lo potesse attrarre della balera, mi ha risposto: «Mi diverto con la ballerina». C'è chi si appassiona alla storia dei dinosauri tanto da sapere le caratteristiche del Triceratops o del Tyrannosaurus.

Non sono stati, tuttavia, educati a osservare. Girano senza staccare gli occhi da terra, senza guardare ciò che li circonda. Mi viene in mente quando ho provato a chiedere a un bambino di nove anni qualcosa in piú sulla sua vacanza a Madrid e lui mi ha risposto: «Io ricordo solo lo stadio».

A volte provo anche ad ascoltare i discorsi dei piú grandicelli, sedendomi su qualche gradino di una piazza, con in mano una birra. A Bologna, il sabato e la domenica, dal primo pomeriggio fino a notte tarda, i ragazzi stanno in piazza Re Enzo, davanti al muro dove sono stati fucilati molti partigiani. Jeans bassi, creste, piercing. Qualche «limonata». Sembrano non accorgersi che alle loro spalle ci sono i volti di uomini, ma anche di ragazzi, che sono stati massacrati sessant'anni fa. Furono le loro madri ad affiggere quelle fotografie al muro del palazzo comunale la mattina del 21 aprile 1945, quando Bologna fu liberata.

Dovremmo portare i nostri ragazzi, fin da piccoli, a leggere i nomi e i cognomi scolpiti sui monumenti che sono stati realizzati sotto ogni campanile, quasi fosse una civica litania. Invece, quelle lapidi sono targhe mute, che parlano solo ad autorità dai capelli bianchi, le quali, in occasione delle feste della Repubblica e della Liberazione, sfilano con la corona d'alloro al suono dell'inno di Mameli.

Per la generazione Duemila il 25 aprile, il 2 giugno, il 4 novembre sono semplicemente giorni di vacanza, uguali a quelli che si fanno in occasione del carnevale. «Maestro, ma perché domani staremo a casa da scuola?», mi chiedono talvolta. «È la festa della Liberazione», rispondo dando per scontato che sappiano di cosa sto parlando. Qualche attimo dopo, mi rendo conto di aver fatto un errore: «Liberazione di cosa? Della scuola?»

È necessario che la scuola, fin dalle elementari, faccia un lavoro propedeutico allo studio che i ragazzi affronteranno alla medie e alle superiori. La storia del nostro paese dev'essere trasmessa a ogni età, senza timore. È cieco chi pensa che i piú piccoli non siano in grado di comprendere la morte dei soldati in guerra, dei partigiani, o altri episodi della storia. Parlare del 2 giugno è raccontare la Costituzione. In quarta elementare l'abbiamo addirittura disegnata.

Sono gli stessi bambini a portare in aula ciò che vedono alla tv. Chi insegna può scegliere di chiudere le finestre e le porte al mondo, o di spalancarle per parlare con i ragazzi di ciò che li circonda. Alla scuola primaria c'è sempre chi è affascinato dalla guerra, dalla violenza, dalle armi. Tutto questo, spesso, è vissuto come una sorta di macabro gioco, perché si tratta di qualcosa di lontano, mediato dallo schermo della televisione: un film, uno dei tanti. Ma se in classe entrano i volontari di Emergency a parlare della guerra in Iraq, gli sguardi cambiano. E chi prima inneggiava agli spari, può trovarsi a disegnare una bomba a grappolo, con le mine che cadono dal cielo, intitolando l'«opera d'arte»: *La guerra non risolve niente.*

Non si potrà mai spiegare la Liberazione dall'alto di una cattedra. Ma se a parlare della gioia di non avere piú una dittatura sono i tunisini della Rivoluzione dei gelsomini, la musica è diversa e le domande fioccano: «Ora che farete, avrete un nuovo presidente?» «Ma adesso potete andare a scuola?» «Le ragazze possono girare libere, senza velo?»

È in momenti come questi che scopri che la scuola, e soprattutto la scuola primaria, è la culla della memoria.

Ricreazione

Ore 10.30. Intervallo. Uno dei trilli di campanella piú attesi dai bambini: una sorta di liberazione, l'illusione di una pausa che non finirà mai, la gioia di potersi finalmente alzare dal banco senza usare la scusa della matita da temperare.

L'intervallo è solo uno alla scuola primaria. La maggior parte dei regolamenti d'istituto ha decretato che i bambini devono fare la pausa una volta in quattro ore di lezione. Non piú di dieci minuti. Non so perché, ma mi ricorda l'ora d'aria dei detenuti in carcere. La differenza è che chi sta dietro le sbarre è obbligato a uscire all'aria aperta anche d'inverno, mentre i bambini, fino alla bella stagione, sono spesso costretti a stare in spazi angusti, corridoi poco illuminati, dove non si può giocare a palla, correre, saltare, gridare, ballare o ascoltare la musica.

I bambini, di fronte a una scuola pensata da grandi che non tengono in considerazione il loro parere, si organizzano con ricreazioni autonome, mascherate da bisogni fisiologici: «Maestro, posso andare in bagno?» «Posso andare a bere?» In quattro ore di lezione arrivano almeno due richieste a testa di permesso wc: una sorta di miraggio che permette ai bimbi di staccare per un attimo, di riuscire a sgranchire le gambe, di cambiare aria. Li vedi che si organizzano: prima va uno, poi un altro, una bambina e un'altra ancora. Te li ritrovi in corridoio che parlano con la bidella, interagiscono con qualche insegnante, percorrono lo spazio che separa l'aula dal bagno contando i passi.

Diciamolo: i bambini avrebbero bisogno di due o tre intervalli. Ne ho parlato con loro, li ho sondati. La proposta di legge Corlazzoli, che prevede tre intervalli, è stata accolta tutte le volte con un boato: «Vai, maestro! Perché non lo facciamo?» «Perché dobbiamo stare in classe tutto quel tempo?» C'è persino chi mi ha suggerito: «Facciamo cosí: a ogni ora, dieci minuti di pausa. Forse andremmo anche meno in bagno in questo modo».

Una mamma della scuola dei bambini di Monte Sole, che ha realizzato con altri genitori un progetto scolastico in una tenda mongola, mi ha insegnato un concetto fondamentale: «Da noi i bambini vanno e vengono dalla tenda. Guardali. Hanno bisogno di entrare e uscire dalla lezione».

Un'altra idea è venuta a Marta, che ha nove anni: «Per creare meno caos, le classi prima e seconda potrebbero fare l'intervallo in un momento diverso dal nostro». Ed ecco una diversa organizzazione dei tempi tracciata grazie all'ascolto dei bambini.

Forse potremmo raggiungere qualche traguardo ascoltando i ragazzi anche per quanto riguarda gli spazi. Non potrò mai dimenticare quando, ancora supplente, di fronte al divieto di giocare nel corridoio di una scuola la cui dirigente era conosciuta da tutti come particolarmente arcigna, mi piazzai a fare il portiere davanti alla porta della direzione. Al secondo gol della squadra avversaria, la preside spalancò la porta: «Lei sa che non si può giocare all'intervallo, vero?» Mi venne una sola risposta: «E cosa dovrebbero fare dei bambini, se non divertirsi?»

La maggior parte delle nostre scuole sono state costruite tra il 1941 e il 1974: alcune erano caserme, abitazioni o edifici storici, trasformati poi in strutture scolastiche. Solo sei su dieci hanno un giardino. Fate per un attimo mente locale. Ricordatevi quando andate a votare. Com'è la scuola di vostro figlio? Gli spazi non sono concepiti per permettere ai piccoli di aggregarsi. Non c'è una piazza, una veranda, un porticato dove si possa stare all'aria aperta anche in autunno.

I bambini chiedono di fare intervalli in libertà: hanno voglia di ascoltare musica ballando, di tirare due calci a un pallone, di correre. Tutto vietato nei corridoi pieni di spigoli e termosifoni.

Meglio stare seduti, magari in cerchio, insieme. Il regolamento di molte scuole è una sorta di manuale da caserma:

> Durante l'intervallo gli alunni possono consumare uno spuntino e recarsi ai servizi evitando di correre, fare giochi pericolosi e schiamazzi. È vietato spostarsi da un piano all'altro, sostare sulle scale o davanti all'ingresso dei servizi. Al termine dell'intervallo gli alunni torneranno immediatamente nelle loro aule.

Non riesco a immaginare bambini di sette o otto anni che non corrono, non urlano. Cosí come non riesco a vedere ragazzini che all'intervallo mangiano carote e pomodorini. C'è poco da ridere: a rendere piú tristi i momenti liberi dei bambini ci hanno pensato l'Unione europea e il ministero delle Politiche agricole con il progetto «Frutta nelle scuole». L'idea di promuovere il consumo di frutta e verdura nella primaria è ottima, ma per mesi ho visto a scuola, all'ora della merenda, carote e pomodorini in scialbi sacchetti di plastica. Ora, finché si tratta di mangiare fragole, mele e pere, nessuno si oppone. Ma chi di noi mangerebbe volentieri una scatoletta di pomodorini nel bel mezzo della mattinata?

Forse varrebbe la pena di «educare» i genitori che imbottiscono i ragazzi di «cibo spazzatura»: paninazzi con formaggio e salame, patatine di ogni genere, crostini unti, focacce con olive o aglio, pizzette. O forse bisognerebbe adottare la proposta che Marta ha fatto vedendo i distributori equosolidali alla Fiera del consumo critico e sostenibile a Milano: «Maestro, dovremmo metterli anche nella nostra scuola. Cosí all'intervallo potremmo scegliere cosa mangiare». Una vera e propria rivoluzione: l'emancipazione dalla merendina *obtorto collo* per lasciare ai bambini, almeno all'intervallo, la libertà di scegliere.

Geografia

«Chi ha raccolto i pomodori della pizza che hai mangiato a Napoli?», ho chiesto a Gianluca che ha trascorso l'estate in Campania. Lui mi ha risposto: «Il pizzaiolo». In quell'istante mi è balzata in testa un'idea. Anzi, un sogno: un viaggio d'istruzione tra le osterie d'Italia con i miei alunni. Sí, per mangiare, bere, ascoltare i vecchi che parlano in dialetto, sentirsi raccontare le tradizioni del posto dalla cuoca, ballare le danze tipiche.

Quando vanno in giro per l'Italia o per il mondo, i nostri ragazzi non assaggiano, non degustano, non guardano dove sono. Non si stupiscono di fronte alle Alpi, non sentono il profumo della zagara, non provano a toccare un fico d'india, ma se lo trovano già sbucciato sulla tavola, senza chiedersi chi l'abbia portato fin lí. C'è persino chi parte in vacanza per andare a cena da McDonald's.

Chi insegna geografia ha una grande opportunità: appassionare i ragazzi al viaggiare. Perché solo consumando le suole delle scarpe, possiamo comprendere dove siamo finiti a vivere. Nelle nostri classi mancano cartine, emisferi. Su ogni cattedra dovrebbe esserci un mappamondo. Nelle nostre biblioteche, una raccolta di guide turistiche. Dovremmo avere la possibilità di «viaggiare» con la lavagna multimediale per vedere l'Etna, le bellezze della riserva dello Zingaro o il tempio di Selinunte.

Ogni anno, al ritorno in classe dopo le vacanze, mi accorgo che i bambini non sanno neanche se sono stati al mare nell'Adriatico o nel Mediterraneo: «Sono andato in spiaggia, in un mare...

a due ore da qui», mi spiegano. Partono per villaggi turistici dove le loro giornate sono programmate. Fanno le valigie per la Sardegna e tornano senza aver scattato una sola fotografia ai nuraghi, ma con un reportage della spiaggia, dell'animatore che faceva ballare la macarena anche a mamma e papà. «No, quei cosi lí non li ho visti. Però c'erano sulla cartolina che ho inviato alla nonna».

Arrivano a dieci anni senza aver mai preso un treno, una metropolitana. «I genitori hanno paura, – mi racconta una collega, – di farli andare a Milano perché devono usare la metro». Peggio ancora chi riporta in classe qualche discorso ascoltato a casa: «Mio nonno dice che in metropolitana gli zingari rapiscono i bambini».

Non ci si può limitare a fare geografia dicendo: «La Lombardia confina con il Piemonte a ovest, il Veneto a est, l'Emilia Romagna a sud. Il capoluogo è Milano...»

I bambini non conoscono l'Italia: non sanno cosa sono i caruggi di Genova, non hanno mai visto l'Altare della Patria e le Fosse Ardeatine. Nessuno ha spiegato loro cosa si nasconde sotto Napoli. Il duomo di Milano è una chiesa come la basilica di Santo Stefano a Bologna, poco cambia per loro.

Spesso i ragazzi non conoscono nemmeno i prodotti della propria terra: non sanno magari che il provolone Valpadana è un formaggio che deve le sue origini non ai loro nonni ma ai casari del Sud, che si trasferirono all'inizio del secolo scorso nella Pianura Padana, dove c'era un buon latte da lavorare. Ecco perché partirei dalle osterie a insegnare geografia.

Per studiare la Pianura Padana, e per assaggiare il salva cremasco, andrei a Bottaiano, dove è possibile sentire la storia della cuoca Santina, che ha vissuto nell'antica cascina di Villa Obizza. Mi farei raccontare come veniva insaccato il salame ieri e come viene insaccato oggi. Proverei a capire cosa viene coltivato ancora negli orti.

E mi guarderei un po' attorno, scrutando, in direzione di Bergamo, le Prealpi, che nelle nitide giornate primaverili sembrano a portata di mano.

A Bologna le osterie raccontano la città, l'Emilia delle *zdaure* e degli *umarells*. Un pranzo in una vera trattoria bolognese porterebbe i ragazzi a scoprire quel detto che la felsinea si porta addosso: «La dotta, la rossa, la grassa». Sui tavoli con le tovaglie a quadrettoni bianchi e rossi, i bambini potrebbero sentire lo slang dei bolognesi, incontrare studenti di tutta Europa che, sotto la torre degli Asinelli, incrociano le loro strade grazie all'Erasmus. La geografia diventa vita e musica nelle osterie dove Francesco Guccini e Lucio Dalla si incontravano dopo la mezzanotte per pensare, chiacchierare e creare.

Forse potrei spiegare meglio la Sicilia portandoli nei beni confiscati a Cosa Nostra, nella splendida riserva naturale Serre della Pizzuta. E anche nei viaggi d'istruzione all'estero dovrebbe essere inserito nel programma un tour nelle osterie: possiamo capire Siviglia solo sedendoci a un tavolo di una qualche *taberna* ad ascoltare nella notte la voce di un uomo che intrattiene i clienti, cantando musiche le cui radici affondano nelle tradizioni dei mori e degli ebrei.

In classe, quando spiego il Molise, il Lazio, la Puglia o la Sicilia, non dimentico mai di fare enogastronomia: questo argomento non c'è nei libri, ma serve a stuzzicare la curiosità dei bambini, che restano affascinati, perché le nostre tradizioni culinarie nascono proprio dall'incrocio di popoli. Senza saperlo faccio antropologia quando parlo delle Langhe e della bagna càuda, che contiene l'acciuga salata, perché gli abitanti del luogo se ne approvvigionavano sulle rotte commerciali lungo le Alpi Marittime, note come «vie del sale».

I bambini, insomma, hanno bisogno di uscire, di spalancare le porte delle classi: «Maestro, grazie a te ho imparato Roma. È diverso vedere il Colosseo dal vivo o studiarlo sul libro. Non avevo capito che era cosí grande», mi ha detto Elisa mentre eravamo davanti all'anfiteatro. Persino Luigi, che non è certo tra i primi della classe, ha compreso le proporzioni, quando ha visto il Pantheon: «Il buco al centro della cupola sembra piccolo, ma ha una lunghezza di otto metri, dice la guida».

I bambini non sanno piú nemmeno dove vivono, non riconoscono le caratteristiche della loro terra: «I fontanili? Sono le fontane che ci sono in piazza, no?» Ecco il campanello d'allarme: è necessario lasciare penna e quaderno sul banco, e andare a fare amicizia con il territorio, guardando i pioppi, ascoltando il canto degli uccelli e imparando a riconoscerli, passeggiando tra le antiche cascine che hanno lasciato sull'aia il colore del grano e l'eco dei canti delle serate di spigolatura.

C'è anche un altro problema: in un mondo sempre piú globale i nostri libri e i nostri programmi didattici imprigionano i bambini in Italia. Ma oggi i miei ragazzi devono sentirsi europei.

Che cosa ne sanno del vecchio continente? Poco o nulla. «Siamo in Europa perché abbiamo l'euro», mi spiega Giulio portando un esempio concreto. Se provo a chiedere: «La Svezia fa parte dell'Europa?», c'è qualcuno che mi risponde: «No, fa parte della Gran Bretagna, è lí vicino». Inutile tentare di sapere dove ha sede il Parlamento europeo. «A Roma, maestro», dà per scontato Giuseppe, subito contraddetto da chi ne sa una piú del diavolo: «Ma che dici? Io ho visto in televisione che è in un posto con i grattacieli, sarà a New York».

Sul libro di geografia di quinta l'Europa è spiegata in diciassette righe, con una bella fotografia e tante bandierine a ingentilire la pagina. Eppure lo scenario dei prossimi decenni è destinato a essere sempre piú globale. Lavorare fuori dall'Italia diventerà normale. I figli del nuovo secolo non conosceranno confini.

Cerco di farlo capire fin da ora ai miei allievi: racconto loro ciò che raccolgo in giro per il mondo. Ho mostrato in classe le fotografie dell'Andalusia, del Parlamento europeo a Bruxelles e Strasburgo, della Lituania e della Lettonia (che sembrano lontane anni luce) oppure della Romania, da dove provengono Adrian e Mariana. «Ma veramente sei stato in Transilvania? E hai visto la casa di Dracula?»

Voglio che si sentano europei e non solo: voglio che si sentano cittadini del mondo. Desidero che provino fin da piccoli curiosità per questi luoghi: un giorno potrebbero diventare la loro casa.

Da questo punto di vista, è in atto, dalla fine del secolo scorso, un mutamento dei processi migratori giovanili. I ragazzi nati negli anni Ottanta e Novanta hanno imparato, grazie anche ai programmi Erasmus, a uscire dall'Italia, a sperimentarsi all'estero. Hanno appreso altri idiomi, creato fertili miscellanee, intrecciato strade diverse. Oggi sanno che spesso, di fronte alla crisi economica, hanno una sola scelta: partire.

Iniziano a pensarci già a dieci anni. «Se qui le cose continuano cosí, io me ne vado in Brasile o in Germania», ho sentito dire da Jessica con pragmatismo.

Non è l'unica, purtroppo. Fatima, nata in Italia da genitori tunisini che hanno scelto il nostro paese per darle un futuro migliore, ha ben presente che le potrebbe toccare la stessa sorte. Anzi, per lei il condizionale non esiste proprio: «Quando sarò grande, non resterò qua».

Gli Stati Uniti, la Germania, i Paesi nordici, la Cina sono ormai a due passi. I ragazzi non sono spaventati dall'idea di lasciare l'Italia, sanno cosa trovano oltre le Alpi. Non sto descrivendo una generazione povera come quella di cinquant'anni fa, che partiva con la valigia di cartone. I cinquantamila giovani che nel 2011 hanno preso zaino e tablet alla ricerca di nuove terre e di fortuna sono quelli piú scolarizzati. Per rendersi conto di questo nuovo esodo basta frequentare le comunità italiane nelle maggiori città della Cina o a Bruxelles, oppure farsi raccontare dai nostri allievi dove studiano i loro fratelli e cugini piú grandi.

Lo so, partiranno anche i miei ragazzi. Ed è la scuola che deve educarli ad avere la valigia pronta, magari dando loro l'opportunità di ascoltare un missionario tornato dal Guatemala. Padre Roberto Sangiovanni, da anni in America Latina, ha trascorso due ore a rispondere alle curiosità dei miei ragazzi: «Come si vestono in quel paese?» «Perché la sabbia è nera?» «Ma tu che combini in quel posto?» Con loro ha fatto geografia, storia, matematica in una sola lezione: «Cosa significa 108 abitanti per chilometro quadrato?»

Padre Roberto ha srotolato la carta millimetrata per spiegarlo. Ha portato la pietra lavica di uno dei trentasette vulcani presenti e ha raccontato la storia del paese mostrando il volto di José Rafael Carrera, impresso su una moneta. Forse qualcuno, a diciott'anni, avrà il desiderio di andare in Guatemala o in Brasile, e allora quella lezione di geografia sarà stata profetica.

Alla fine di ogni anno lascio in eredità quattro consigli ai miei ragazzi. Uno: rompete sempre le scatole. Due: non state zitti di fronte alle ingiustizie. Tre: non siate mai indifferenti; se passate di fronte a un uomo che chiede la carità, domandatevi perché è lí. Quattro: viaggiate!

Italiano

Sono cresciuto con *Cipí* di Mario Lodi, il «Corriere dei Piccoli» e «Topolino», per poi passare alla lettura di *Va' dove ti porta il cuore* in piena adolescenza, a metà degli anni Novanta. A casa mia i libri non ci sono mai stati. Anzi, non c'era nemmeno la libreria. Non ho mai capito perché mia madre leggesse solo «Confidenze» e «Intimità».

Sul tavolo della cucina c'era il settimanale cattolico «Il Torrazzo», che permetteva di avere uno sguardo «globale» sulla cronaca locale e di sapere chi era passato a miglior vita. A mezzogiorno, le notizie arrivavano grazie alla trasmissione radio *Il gazzettino padano*: il vecchio apparecchio grigio e gracchiante era appoggiato al centro della tavola, e alle 12.10 l'uccellino radiofonico annunciava l'inizio dell'edizione regionale, che si apriva con il brano *La bella Gigogin*. Guardavo con ammirazione chi leggeva il quotidiano come nonno Francesco, che conservava in maniera meticolosa il «Corriere della Sera» del giorno prima regalatogli dall'oste di piazza Roma.

A trasmettermi la passione per la lettura è stato mio cugino Aldo, costretto fin da bambino in carrozzella. Zia Celestina, anziana e sola, non gli faceva frequentare la scuola. Io lo incontravo ogni domenica in quell'angusta casa di campagna. Seduto a capotavola, con le mani appoggiate sulla tovaglia plastificata e unta, a quadrettoni rossi e bianchi, aveva sempre accanto a sé decine di libri di ogni genere: noir, romanzi, saggi.

Aldo aveva imparato a leggere e a scrivere da solo. La lettura lo aveva salvato, gli aveva aperto una finestra sul mondo, anche in quella abitazione che per lui fu una prigione fino alla tarda età. La sua passione divenne presto una mia curiosità. Dovevo capire cosa si provava a leggere un libro. Il primo che presi in mano fu la Bibbia di Gerusalemme delle edizioni Dehoniane. Quelle pagine le ho sfogliate decine di volte, alla ricerca del Dio che il catechismo mi aveva trasmesso con una sorta di indottrinamento, calato dall'alto della cattedra della maestra Teresa.

Fu don Gian Carlo Barbaglio, il parroco del mio paese, a iniziarmi alla lettura di un testo piú complesso: *Bibbia e vocazione* di Carlo Maria Martini e Albert Vanhoye. Quel prete, definito troppo intellettuale dai compaesani, seppe trasmettermi l'amore per il sapere: nel suo studio c'erano libri di ogni genere. Pile di testi, gli uni sopra gli altri, stavano sul tappeto rosso. Anche sulla poltrona, sul tavolino in mezzo alla stanza c'erano libri.

Io, cresciuto in una casa priva persino del vocabolario, sognavo di abitare in un luogo identico a quello del mio prevosto. M'immaginavo in mezzo alle parole. Una parente, per la cresima, mi regalò il dizionario dei sinonimi e dei contrari. Oggi non si usa piú: i miei allievi non sono stati educati alla ricerca della parola. Mentre io, da adulto, continuo a utilizzare questo strumento, che è nella mia cassetta degli attrezzi.

A ripensare a tutto questo, mi accorgo che, anche se sono cresciuto in una famiglia semianalfabeta, leggevo molto piú di quanto leggano i ragazzi di oggi. I bambini, in Italia, restano al primo posto nella classifica dei lettori, ma dal 1970 a oggi gli amanti dei libri nel Belpaese sono diminuiti. Cos'è successo? Ai miei allievi piace ancora leggere?

Credo che ai ragazzi non sia mai mancata la voglia di aprire un libro, a parte rari casi. I libri li affascinano, li incuriosiscono. Vorrebbero scriverli, immaginarne uno tutto per sé. Ci sono bambini che trascorrono le ore in libreria ad ascoltare la mamma o la zia che leggono loro qualche pagina. Anche i piú piccoli hanno a che fare con le parole stampate fin dai primi anni: prendono in mano i libri, li guardano, li girano e rigirano, li pasticciano, a volte se li mettono anche in bocca. Nessuno dei miei allievi ha mai detto: «Che schifo leggere». Semmai, sono critici letterari che non risparmiano giudizi severi: «Questo libro non mi piace perché è noioso», ho sentito dire da un ragazzino di terza elementare.

I bambini o amano un testo o lo odiano. Difficilmente hanno mezze misure come noi grandi, che adoriamo fare analisi complesse. Loro sono molto piú radicali: «I libri delle principesse parlano sempre delle stesse cose, raccontano che sono povere e che poi diventano ricche», mi ha spiegato un gruppo di mie alunne di quarta.

Non possiamo pensare a storie scontate per loro. Scrivere libri per ragazzi non è per niente facile, e quelli piú venduti, non a caso, sono senza età. Basti pensare a *Cuore*: si può leggere a otto come a cinquant'anni.

Ciò che forse manca oggi è una buona guida alla lettura. Non è sufficiente portare i bambini in biblioteca, per far sentire loro un bravo attore che legge alcuni brani o una bibliotecaria carina che intona con cadenza perfetta una sorta di audiolibro. Ho visto ragazzini sbuffare, annoiarsi, guardarsi attorno per fuggire almeno con il pensiero dalla gabbia della biblioteca. Inoltre, perché dovrebbero leggere solo quello che dicono gli insegnanti? Facciamo scoprire loro l'intero pianeta dei libri, il mondo dei giornali e delle riviste. Lasciamoli liberi di scegliere e poi avviciniamoci piano piano, con discrezione, per proporre anche altro.

In ogni caso, i numeri confermano le impressioni che derivano dall'esperienza tra i banchi. Nel 2011 poco meno di ventisei milioni d'italiani di sei anni e piú dichiarano di aver letto almeno un libro in dodici mesi per motivi non strettamente scolastici o professionali.

La prova del nove la faccio quando chiedo in classe: quanti libri leggete in un anno? Le mani che si alzano per dirmi piú di uno sono sempre troppo poche. Qualcuno cerca persino di nascondersi. Prova imbarazzo per la domanda. Cerco sempre di capire questo dato guardando i miei colleghi a scuola: non sono molti quelli che vedo arrivare al mattino con un libro o il quotidiano sottobraccio. Nell'ora buca, nella pausa pranzo, all'intervallo preferiscono andare in palestra o dedicarsi al gossip piuttosto che aprire un libro.

È cambiato anche il modo di leggere. Scomparse le vecchie collane, oggi la lettura fa parte di un processo collettivo: i libri arrivano prima nelle sale cinematografiche, tra gadget infiniti, sul piccolo schermo o nei videogiochi, e poi tra le mani dei ragazzi. È sempre piú frequente sentire i bambini che dicono: «L'ho visto in televisione, al cinema. Poi ho letto il libro».

La Pimpa di Francesco Altan non è tra le letture piú gettonate dai miei ragazzi. Spesso è ricordata come «quella con le macchie rosse e bianche». Con lei anche Lupo Alberto, che dopo essere stato protagonista dal 1974 (anno della sua comparsa sul «Corriere dei Ragazzi») fino al 1991 (nei panni di testimonial della campagna per la lotta all'Aids), è tramontato quasi definitivamente. I ragazzi del terzo millennio hanno archiviato anche Sturmtruppen, I fantastici Quattro e Thor. Provo a parlare loro di questi personaggi: «Chi sono, maestro? Sono italiani?» Resiste ancora l'Uomo ragno, o meglio, la versione 2099, il cui vero nome è Miguel O'Hara. I miei ragazzini neanche sanno che è esistito Peter Parker: per loro il personaggio è quello che vedono e leggono ora. Ad affascinare i bambini sono gli artigli retrattili: «Quando spara e fa le corna, è bestiale. Mi piacciono i suoi poteri, quello che può fare», mi spiega Franco. Sotto sotto anche lui vorrebbe avere quelle abilità. Anche perché da piccoli, spesso, s'immaginano onnipotenti, un po' personaggi dei cartoni animati: all'intervallo giocano a lanciare raggi ultravioletti e spari in grado di immobilizzare chiunque. È la fase della vita in cui la fantasia trova ancora spazio accanto alla realtà.

Quanto ai classici, non trovi piú un solo ragazzo che abbia preso in mano *Pippi Calzelunghe*, che fino agli anni Settanta e Ottanta restava tra i personaggi intramontabili come Alice e Peter Pan. In una terza elementare, ho persino sentito etichettare Pippi Calzelunghe con un: «Ridicola! Sono cose da piccoli».

Mi è capitato qualche volta di essere invitato a cena a casa di qualche mio alunno, e mi son fatto mostrare le librerie delle loro camerette. Tra i libri che «resistono», almeno negli scaffali (un po' meno nel tam tam dei ragazzi) c'è *Cipí* del maestro Mario Lodi. Continua a piacere ai bambini: «La storia di quell'uccellino è bella perché racconta della nostra vita. Anche a me piacerebbe essere come lui», mi spiega Claudia. A Drizzona, nella sua vecchia cascina sulla strada tra Mantova e Cremona, ho incontrato Mario Lodi. Ha voluto che la sua abitazione diventasse «La casa delle arti e del gioco»: seduto di fronte a me, accanto alla moglie, il maestro per eccellenza mi ha raccontato dei lavori che ancora oggi, a oltre mezzo secolo dalla pubblicazione di *Cipí*, arrivano sul suo tavolo.

Anche le avventure di Gianni Rodari e Bianca Pitzorno, continuamente ristampate, non mancano sotto i banchi dei miei ragazzi. Veri fenomeni editoriali sono *Pinocchio* e *Il Piccolo Principe*. Il libro di Antoine de Saint-Exupéry l'ho trovato in ogni casa, in tutte le scuole e non solo. È tra le opere letterarie piú vendute della storia, e resiste alla rivoluzione digitale, alla Wii, alla Playstation, a Facebook: tutti l'hanno letto. È tramandato di generazione in generazione e sembra essere l'unico libro rimasto, dal 1943 a oggi, tra le mani dei giovani.

Accanto a *Il Piccolo Principe*, che è come il crocefisso nelle abitazioni degli italiani, sulla scrivania delle camere dei miei bambini non può mancare, soprattutto negli ultimi anni, il megaseller *Harry Potter*, una vera e propria impresa editoriale nata dalla penna di Joanne Kathleen Rowling: è arrivato in ogni casa. Soltanto la Bibbia, il *Libretto rosso* di Mao e il Corano hanno venduto di piú. Di Harry Potter i bambini conoscono tutto: «Lo sai che hanno realizzato sette film tratti dalla serie? Io ne ho visti cinque. A Orlando, negli Stati Uniti, hanno costruito anche un parco divertimenti che riproduce gli scenari dei romanzi», mi racconta William. Ma non solo. Il fantasy per ragazzi per la prima volta piace anche ai grandi: «Lo legge anche mio papà quando non gioca con la Wii», afferma orgoglioso Pietro.

Nelle librerie dei miei alunni, poi, non mancano mai le avventure di Geronimo Stilton, lanciato da Piemme nel 2000. Ho la conferma del successo del topo giornalista e scrittore, che vive su un'isola tutta roditori e formaggio, quando guardo dalla cattedra verso il fondo dell'aula, dove c'è la piccola biblioteca di classe: ci sono almeno sei o sette titoli di Geronimo.

Purtroppo anche a scuola i testi sono sempre pochi. Eppure sarebbero un bagaglio culturale importante per molti ragazzi che a casa non hanno ricche librerie. Spesso i tomi fanno polvere in scaffali di alluminio che raccolgono tutte le edizioni della vecchia enciclopedia «I Quindici» e testi dove la geografia ha ancora i confini precedenti alla caduta del muro di Berlino.

Per essere letta, una storia deve essere ricca di colpi di scena, una sorta di rappresentazione teatrale a cui prendere parte. I bambini si vogliono sentire «dentro» le pagine: si immedesimano in uno dei personaggi o piú semplicemente, se sono timidi, diventano spettatori in platea, attratti dalla suspense. I libri che non hanno la capacità di stupire sono noiosi per i piccoli. «Stufanti», come dicono loro. In alcuni casi la scelta è estrema: «Quando leggo un libro di avventure, ci passo le ore... Di altri libri normali non riesco a leggere nemmeno due pagine».

Un'altra definizione che i ragazzi danno dei libri piú amati è «interessante». Spiegare questo termine è tutt'altro che facile, perché i ragazzini sono molto diversi tra loro. Ma un filo comune c'è: «interessante» significa che un libro non è scontato. Deve raccontare qualcosa di nuovo, provocare curiosità. Mi è capitato di leggere, dopo un viaggio in Andalusia, la storia dell'Alhambra ai bambini. Bisognava vederli: facevano domande sui musulmani, sulle conquiste spagnole, sui segreti del Palazzo reale. Il mistero, le fate e i tesori nascosti assicuravano una dimensione di avventura. Ma a incuriosire i miei piccoli lettori era la storia di quel luogo, la sua architettura, che abbiamo disegnato e colorato insieme, per scoprire che c'è uno stile diverso da quello italiano.

«I bei libri, – mi dice un giorno Camillo durante l'intervallo, – devono avere storie con bambini che vanno in giro per il mondo a esplorarlo. Devono essere divertenti e fantasiosi. A me piacciono queste storie».

Draghi, esseri deformi e prodigiosi restano comunque le star preferite. A conquistare le librerie delle camerette e gli scaffali dei supermercati, dove molti bambini trascorrono le domeniche pomeriggio, sono i fumetti dei Gormiti e di Ben 10. Nomi lontani anni luce da quelli della mia generazione, anche se il canovaccio delle storie è sempre basato sulla lotta tra il bene e il male. Sono cambiati solo i personaggi: «Ben, maestro, è buono. È un bambino che si trasforma in Omnitrix per combattere i Supremi, che sono degli alieni terribili. Io li vedo sempre alla televisione e compro il giornalino. Guarda, ho anche la cartella». Ed ecco spuntare da sotto il banco uno zaino con i colori verde e giallo fosforescente, tipici della serie televisiva americana.

Stesso copione per i Gormiti, che si dividono in popoli del bene e del male: in questo caso la serie televisiva e i fumetti sono arrivati in seguito al lancio dei mostriciattoli di plastica, venduti in bustine chiuse. Una trovata geniale, visto che per anni ho assistito in classe a scambi di Gormiti sotto il banco, sullo scuolabus, in mensa, in bagno, sulla cattedra. Ovunque c'erano Gormiti.

Ricordo addirittura che, durante una lezione di italiano, ho scoperto un mio alunno che li stava riproducendo a uno a uno sul cartoncino. Credo che da ciò sia nata anche l'idea di una sorta di compravendita, di baratto tra ragazzini. Lessi in classe un articolo che parlava proprio di questo argomento. A un certo punto mi arrivò un'email: «Maestro, quando non sapevamo ancora cos'era il traffico di figurine (l'anno scorso), per sbaglio io e Samuele abbiamo fatto traffico di figurine. Cioè, lui mi ha fatto una proposta: se tu mi dài le tue figurine, io ti pago. Io, non sapendo a cosa stavo andando incontro, gli risposi di sí. Quindi, morale della favola, io e Samuele abbiamo fatto traffico di figurine. Cosa che non si ripeterà piú».

Quanto alla vita intellettuale, l'Italia registra ancora differenze notevoli tra chi vive in provincia, lontano da città con librerie, biblioteche, musei e festival, e chi, uscendo di casa, è stimolato in continuazione. I miei alunni, tanto per capirci, non hanno le stesse possibilità dei bambini di Bologna o di Roma: non possono trovare, a due passi dalla scuola, una Feltrinelli o una Mondadori con spazi dedicati a loro. Questo perché la cultura di chi vive in un paese di poche migliaia di anime è ancora cadenzata da sagre, mercatini di Natale, scampagnate. E poi, quando chiedo loro: «Dove sei stato nel weekend?», difficilmente mi rispondono a vedere una mostra o in libreria. Piú facile che mi dicano all'ipermercato nuovo o all'outlet in Franciacorta.

Ad accompagnare i ragazzini tra gli scaffali delle biblioteche di campagna non ci sono masse di genitori attenti a incuriosirli e appassionarli al libro. Le biblioteche dei nostri paesini sono spesso luoghi deserti, abitati dalla sola dipendente comunale che cerca, nonostante i tagli delle amministrazioni, di inventarsi corsi di decorazione delle uova, lezioni di educazione alimentare, letture pomeridiane e serali, feste di ogni genere, aperitivi letterari per attrarre qualche genitore in piú tra gli scaffali.

Ho insegnato in posti dove la biblioteca restava aperta due giorni alla settimana, e sul sito internet dell'amministrazione comunale neanche appariva tra i servizi e gli uffici. Quando chiedi ai ragazzi di disegnare la biblioteca del paese, spuntano fogli dalle tinte fosche. Gli scaffali sono grigi, di ferro. I libri per i ragazzi vengono confinati in una stanza un po' piú colorata. Non c'è un solo computer, ma poche sedie di plastica, una luce al neon. La bibliotecaria è dedita a registrare e catalogare infinitamente. Ma questa è già una fortuna perché esistono ancora paesi, in Italia, che non hanno una biblioteca.

I bambini chiedono a gran voce luoghi diversi. Ho affrontato la questione dopo essere andato varie volte a prendere libri con loro, come previsto dai progetti di lettura collaudati e, direi anche, ormai paludati. I piccoli lettori sapevano con precisione gli orari della biblioteca: «Il mercoledí fa due aperture, ma la domenica è chiusa. Peccato, quando siamo a casa da scuola e potremmo andarci, non ne abbiamo l'opportunità». Ebbene sí, in Italia abbiamo pensato di aprire, nei giorni festivi, gli iper, i super, i megamercati, i negozi di ogni tipo, le cattedrali del consumo, ma non i luoghi per la mente. E cosí ai bambini, soprattutto nelle piccole realtà, non restano che i non-luoghi, gli spazi virtuali.

C'è un'altra caratteristica delle nostre biblioteche che allontana i ragazzi: il silenzio. Certo, è difficile pensare a un luogo di lettura immerso nel caos. Ma l'immagine che hanno i ragazzini della biblioteca è questa: «I libri sono belli, ma lí dentro devi stare super zitto. C'è la signora della biblioteca che fa sempre shhh». Ai bambini piacerebbe poter usare gli spazi dedicati a loro, che ormai ci sono anche nei paesi di campagna, in maniera diversa. È difficile immaginarli in religioso silenzio: già ci pensano alcuni maestri di scuola a imporre la rigida legge della bocca chiusa. Eppure c'è anche chi apprezza senza troppe lamentele. È il caso di qualche mio alunno indiano che, non possedendo libri in casa, va spesso in biblioteca: «Nel mio paese non c'era, la biblioteca. Dovevamo andare lontano per trovarne una».

In ogni caso, se in famiglia si legge, se gli insegnanti sono lettori, se c'è una biblioteca, i bambini sono piú portati ad avvicinarsi al mondo del libro. Da questo punto di vista, i miei alunni si dividono in due categorie: quelli che prendono in mano il libro *obtorto collo*, perché obbligati dall'insegnante d'italiano, e quelli che se lo portano a scuola per leggerlo all'intervallo, dopo la mensa. La scuola ha, perciò, una grande sfida davanti: insegnare il piacere di leggere. E un docente che costringe un alunno a leggere ha già perso in partenza.

«Alle elementari provano a insegnarti ad amare la lettura.

Poi cresci e cambi idea, perché devi leggere per forza. Se non me lo imponessero, leggerei molto di piú. È assurdo leggere con un limite di tempo», mi spiega Giorgia, che ha diciassette anni. Eccoli i figli della scuola che educa alla costrizione e non alla libertà dell'uso delle parole. «Sí, – ammette Pasquale sbuffando, – in classe ci insegnano a leggere solo la narrativa».

Ognuno di noi ha un nitido ricordo del maledetto sabotaggio ai libri piú belli della storia messo in atto proprio dalla scuola. Ho conservato nella mia libreria uno dei capolavori letterari trasformati dai professori in mostri archeologici dell'editoria: *I promessi sposi* in versione scolastica. Non lo toccavo dal 1990. Mi ricordo che ho dovuto analizzarlo tenendo conto dei commenti, delle appendici, delle ipotesi di lavoro. Di tutto e di piú per rendere quelle pagine noiose. Dentro ho trovato una serie di «pizzini»: credo che funzionassero da «bigino» per qualche verifica. Vent'anni dopo, la storia si ripete: i miei ex alunni mi raccontano che alle superiori sono «costretti» a leggere con quelle stesse modalità *I promessi sposi*.

Voglio pensare che la scuola possa educare i ragazzi a scegliere un libro, magari portandoli a scoprire in una libreria *Il gabbiano Jonathan Livingston* di Richard Bach, *Il cavaliere inesistente* di Italo Calvino o ancora le opere di Emanuele Luzzati ed Elsa Morante. Immagino un docente che possa guidare i suoi alunni alla scoperta di Daniel Pennac, Gianni Rodari e Oscar Wilde. Sarebbe troppo rivoluzionario pensare di leggere in classe le poesie di Alda Merini o i testi di Fernanda Pivano, che permettono di entrare nei mondi di molti scrittori del passato? E perché non proporre anche Luis Sepúlveda con *La storia del gatto e del topo che diventò suo amico*, le favole di Fedro o i libri per bambini scritti dal subcomandante Marcos?

Cosí, per un attimo, provo a immaginare una scuola con una biblioteca all'interno, un maestro che se ne occupa, che consiglia libri ai ragazzi, che organizza incontri con gli autori ai quali possono partecipare anche le mamme e i papà. Mi ritrovo a disegnare questo «luogo» su un foglio. Lo mostro ai miei bambini. Qualcuno di loro mi suggerisce di aggiungere divani comodi, cuscini a terra, tappeti, uno *speaker's corner*, e magari di mettere i libri anche nel giardino. Ad alcuni viene l'idea di portare i libri fuori dalla scuola, all'oratorio, sullo scuolabus, nei bar del paese. Una proposta che mi piace. Forse manca proprio questo contagio.

Per la prima volta i giovani hanno sfogliato i libri in formato digitale. Il mondo del web ha fatto voltare pagina alla storia dell'editoria. Oggi il libro può essere virtuale, lo sanno bene i miei ex alunni: «La biblioteca non la frequentiamo. I libri stanno morendo. Anzi, noi non vogliamo che muoiano, ma è cosí. Con tutto ciò che facciamo, con le tecnologie, non stiamo lí con il libro aperto. Uno che vuole leggere un libro non pensa ad andare in biblioteca, ma guarda internet», spiega Marco, che ha quindici anni.

Un fenomeno che per ora riguarda solo i giovani. I bambini ancora non conoscono il termine eBook, anche se i siti delle librerie online si sono già attrezzati per vendere libri digitali anche ai piú piccoli. «Noi non li abbiamo mai letti con il computer», mi spiegano in una terza. E Sonia precisa: «Mia mamma ha un libro sull' iPhone. Ma io non lo so leggere».

Nel giro di qualche anno l'eBook potrebbe diventare il pane quotidiano della generazione digitale. Ma non solo. Per la prima volta nella storia ci troviamo di fronte alla *twitterature*: nel settembre 2012 la fondazione Cesare Pavese di Santo Stefano Belbo ha riscritto *La luna e i falò* a colpi di Twitter. Sessanta persone hanno partecipato con cinquemila cinguettii. I contatti raggiunti? Seicentomila. Un successo che la fondazione ha deciso di replicare con *I dialoghi con Leucò*. Chi ha compreso che Twitter può essere usato anche per aprire dibattiti con gli studenti sui libri è un insegnante torinese che usa il social network per incuriosire i suoi ragazzi e chiedere commenti in 140 caratteri sulle opere lette.

Nel panorama della lettura dei figli del XXI secolo c'è un'altra novità: quella dei «fumetti news», a cui la rivista «Tabloid» ha dedicato persino la prima pagina nel 2012. Stiamo parlando del *comic journalism* del celebre Joe Sacco, che con il suo *Palestina* è stato capace di raccontare un viaggio nei territori occupati tra la Cisgiordania e la striscia di Gaza. Ma non c'è solo lui. In Italia la prova piú evidente del successo di questa nuova forma di conoscenza è data dall'adozione, da parte di alcune scuole, dei fumetti della casa editrice BeccoGiallo. Raccontano gli ideatori Federico Zaghis e Guido Ostanel su «Tabloid»:

> Eravamo coscienti che tra gli italiani, soprattutto tra i piú giovani, ci fossero dei fatti assopiti, storie importanti ignorate dalla maggioranza delle persone, che volevamo raccontare e, pur non facendo parte del nostro background, abbiamo scelto il fumetto perché ci sembrava il mezzo piú immediato per proporle.

Dal 2005 BeccoGiallo ha raccontato ai ragazzi le storie di Pier Paolo Pasolini, Bob Marley, Fausto Coppi, Giuseppe Impastato, ma anche la strage di Bologna, il delitto Mattei, fino a fatti piú recenti, come la questione della Tav. Anch'io ho provato a leggere in classe uno di questi fumetti, forse una delle storie piú complesse, quella di Mauro Rostagno. Si trattava di un esperimento: non ero certo che i ragazzini si potessero appassionare a un «fumetto serio». E invece il disegno li ha attratti. La capacità di creare suspense, di legare la storia a una sorta di film su carta, ha aumentato l'attenzione dei bambini. Esattamente il lavoro che faceva il «Corriere dei Ragazzi» negli anni Settanta.

Oggi in edicola si trova altro. Provate a entrare in un chiosco, guardate sugli scaffali i fumetti. Ad aver preso il sopravvento sono titoli che richiamano ancora una volta il noir, le storie di misteri e mostri, gli spiriti dell'orrore e della morte, le trame labirintiche dei gialli e le atmosfere cupe. Sono fumetti che esistono da qualche decennio nel mondo della striscia su carta e che resistono alla rivoluzione di *Dragon Ball*: «Wolverine» (uno dei personaggi Marvel piú amati, che ha fatto la sua prima apparizione in un episodio di «Hulk» del 1974), «Jonathan Cartland» (nato sempre nel 1974), «Scarface», «Martin Mystère» (il «detective dell'impossibile», che si occupa di fatti ritenuti inspiegabili dalla scienza ufficiale e facilmente rimossi). Rimangono, nel pantheon dei fumetti, anche «Dylan Dog», «Diabolik», «Zagor», «Lanterna Verde» e «Rat-Man» (un personaggio maldestro e imbranato, che decide di diventare supereroe anche se non possiede nessun potere, e che finisce spesso per combinare solo guai).

Nelle edicole trionfano anche i settimanali per ragazze: «Cioè», «Pinky», «Big», «Teen», «Violetta». Hanno tutti la stessa grafica in copertina, ma non solo. Tutte regalano qualcosa: i trucchi in una confezione a forma di labbra, il calendario del gruppo musicale One Direction, i poster. Alle ragazzine piacciono. Perché? Cosa le affascina? L'omaggio? L'oroscopo? I test che tanto appassionavano le teenager della mia generazione? No, niente di tutto ciò! «Su questi giornalini ci sono le notizie delle persone famose», mi spiega Camilla. Non siamo di fronte a un babygossip, ma all'ammirazione, al sogno, al voler essere come loro. Già a otto, nove anni.

E poi ci sono i manga, i fumetti giapponesi che hanno preso piede dagli inizi degli anni Novanta. Me ne faccio prestare uno dai miei ragazzi. Nella prima pagina la spiegazione su come sfogliarlo:

> Quello che vi apprestate a leggere è un manga. La parola significa «immagini in movimento» e da molti decenni è il termine giapponese che contraddistingue questo tipo di produzione. L'unica differenza tra un fumetto occidentale e uno giapponese è che quest'ultimo si legge a rovescio! Ovviamente detta cosí la cosa risulta alquanto strana; in realtà si tratta esclusivamente di un fatto legato alla cultura e alla tradizione nipponica che è rimasto fino a oggi inalterato. Nel paese del Sol Levante, infatti, la scrittura procede da destra verso sinistra per cui i libri, i quotidiani e le riviste pubblicate si leggono in questo senso.

Il manga che ho tra le mani s'intitola *Arrivare a te*, ed è «delicato come un fiore sullo sbocciare dell'amicizia e dei primi amori». Ce ne sono di diversi, mi spiegano i ragazzi: alcuni sono indirizzati a loro, altri agli adulti. C'è anche una serie che tratta di relazioni omosessuali maschili o femminili.

Chi non ha smesso di affascinare i ragazzi è «Topolino», che continua a parlare alla generazione Duemila e che nel 2012 ha festeggiato ottant'anni. Lo racconto ai miei alunni: «Era il Natale del 1932 quando arrivò in edicola l'albo stampato dall'editore Giuseppe Nerbini. Da allora il fumetto della Disney ne ha fatta di strada. Sicuramente vostro padre o vostro zio conserva con gelosia qualche copia di "Topolino". Ne custodisco una anch'io, del 1984. Costava mille lire. In copertina c'era Pippo con gli Stati Uniti d'America in mano. Sul retro, quelle indimenticabili pubblicità dei modellini della Bburago. Avevo nove anni quando sfogliavo questo fumetto».

«Maestro, ma oggi "Topolino", si legge sull'iPhone. Ha un blog, una community», esclama Tommaso. La cover del numero 2217 del 26 maggio 1998 è la prima a essere finita in rete. I figli del XXI secolo leggono il fumetto della Disney anche online. Questo non significa che il mito di molte generazioni abbia mutato stile. Semmai si è adeguato ai tempi, ha raccontato le diverse epoche grazie al fumetto. Ha narrato il dopoguerra, il boom economico, la contestazione giovanile, la fine delle grandi ideologie, l'avvento della tecnologia, i personaggi televisivi di ieri e di oggi.

Da ottant'anni, però, Paperino, Paperone, Brigitta sono sempre gli stessi. Ciò che è cambiato è che, nell'era della rete, degli sms, della comunicazione rapida e della lettura a singhiozzo, i giovani lettori fanno fatica a capire alcuni termini usati nelle storie. Tra i sostantivi piú ostici sono entrati in classifica: erudito, diafano, darsena, corroborare, esoso, lucrare, nemesi, turlupinare, incombenze e intabarrato.

In questo panorama il settimanale della Disney, che non ha mai smesso di avere un linguaggio un po' ricercato, non ha alcuna intenzione di fare un passo indietro. Negli anni Quaranta, il primo sceneggiatore Guido Martina aveva addirittura scritto l'*Inferno* di «Topolino» in rime. L'attenzione alla parola è una delle caratteristiche del fumetto, grazie al quale i bambini possono imparare termini complessi. C'è da dire che i ragazzini dagli otto agli undici anni sono molto piú attenti delle generazioni precedenti alle regole della narrazione seriale: sanno cosa sono la metanarrazione, la didascalia. Non conoscono piú alcune parole, è vero, ma la responsabilità è nostra. Dobbiamo stimolarli.

Torno a pensare al mio «Topolino» giallo da mille lire, alle volte che andavo in biblioteca, alla prima tessera di cartoncino verde con il mio nome e il mio cognome, per prendere in prestito un libro. Mi emozionava leggere. Desideravo sentire il profumo dei libri.

Bisogna essere coriacei: ai miei studenti insegno ad appassionarsi alla parola ogni mattina quando leggiamo insieme il quotidiano. Di fronte a un articolo che racconta delle manifestazioni di piazza spiego loro: «Pensate al verbo protestare, al latino *protestari*: dichiarare pubblicamente una volontà, esprimere in modo solenne il proprio diritto contro chi offende, testimoniare per una causa. Un significato nobile rispetto all'accezione negativa che si dà a questa parola». Anch'io ho continuato ad apprendere, a scrivere su un taccuino qualche sostantivo nuovo. Ascoltando monsignor Raffaele Nogaro, ex vescovo di Caserta, ho scoperto, già da adulto, la parola «parresia».

In questo nuovo secolo, la scuola italiana dovrebbe far trovare sui banchi dei nostri ragazzi fin dalla quarta elementare copie dei quotidiani o dei libri in regalo. Fantascienza? Non credo, dal momento che in Scozia i bambini appena nati ricevono un pacco con due libriccini cartonati, un cd e una guida che spiega ai genitori quanto è essenziale leggere per i bambini. In Inghilterra, per invogliare alla lettura, Book Trust, una fondazione che gestisce tre milioni di sterline, regala ai bimbi sotto i quattro anni libri, cd e matite colorate. In Svezia quattro milioni e mezzo di euro vengono destinati alla promozione della lettura. In Olanda l'articolo 22 della Costituzione sancisce la necessità di sostenere la cultura.

Anche in Italia sarebbe utile che i miei bambini ricevessero kit per amare i libri. Soprattutto in quei luoghi, come le nostre campagne, dove c'è ancora una sorta di analfabetismo. Lo sappiamo bene noi maestri. Certi messaggi dei genitori sono la migliore testimonianza di come oggi, in Italia, una fetta di popolazione non sappia la lingua: «Veronica ieri non a studiato perché siamo stati fuori sede e siamo rientrati a mezzanotte». Oppure: «Marco non ha ripreso le tabbelline quest'estate perché non li hanno portato il quaderno con i compiti». Testimonianze preziose di una parte di paese che è cresciuto con una scuola incapace di appassionare alla lettura e alla lingua. Una scuola che ha lasciato che i ragazzi perdessero ciò che avevano conquistato.

L'iniziativa dell'Osservatorio sull'editoria per la diffusione del giornale nelle scuole superiori andrebbe allargata alla scuola primaria. L'approccio al giornale può avvenire già in tenera età. Le pagine di «Popotus», l'inserto dell'«Avvenire» che si rivolge ai bambini, ne sono la dimostrazione. Da quattordici anni il quotidiano cattolico sforna due volte al mese otto pagine tabloid, stampate rigorosamente in bianco e nero su carta da giornale, senza pubblicità, rivolgendosi ai bambini per raccontare loro fatti d'attualità, politica, economia, sport e cultura. I miei ragazzi si sono appassionati a tal punto alla lettura del quotidiano che mi hanno chiesto di fare con loro un giornale di classe. Hanno immaginato di essere una vera e propria redazione. Ognuno ha scritto gli articoli, e poi li ha consegnati al maestro per l'impaginazione.

Anch'io ho scelto la strada del giornalismo prima ancora di quella dell'insegnamento, dando vita al primo giornalino d'istituto delle scuole magistrali Albergoni di Crema. Si chiamava «Otto e mezzo», titolo ispirato al film di Federico Fellini e all'ora in cui suonava la campanella. L'incontro con lo storico caporedattore del quotidiano «La Provincia» di Crema, Aldo Parati, mi convinse a fare il cronista. Qualche anno piú tardi, mi trovai a lavorare proprio al suo fianco come redattore: quell'uomo trascorreva le giornate davanti alle parole che migliaia di persone avrebbero letto, e prestava una cura maniacale a ogni pezzo. A noi giovani insegnò a scrivere in modo che sapessimo parlare a tutti. Ci «costringeva» a leggere gli altri quotidiani, ci appassionava alla lettura della storia della nostra città e della nostra

Italia, ci spingeva a fare un giornalismo di strada, senza stare seduti sulle poltrone della redazione. Ma soprattutto aveva il dono della sintesi: «Corlazzoli, se in quaranta righe si può raccontare il disastro del Vajont, figuriamoci la cronaca del consiglio comunale di Crema».

Mensa

«Tu, maestro, non lo mangi? Neanch'io ho voglia di questa roba». Non so se vi è mai capitato di entrare in una mensa scolastica. È un'esperienza da fare. Le mamme e i papà dovrebbero provare a mangiare quello che l'azienda sanitaria locale o il Comune hanno deciso di propinare ai loro figli. Da docente precario ho avuto modo di «gustare» il cibo di diverse mense dove laboriose cuoche provano a rendere piú gradevole il pranzo dei bambini.

La prima sensazione che si ha quando ci si siede al tavolo di una mensa e si guarda in faccia il piatto è sempre la stessa: tristezza. Ho mangiato minestrine stile casa di riposo per un inverno intero, paste alla ricotta dove la ricotta era piú che altro un ricordo, creme di legumi con riso che ricordavano i giorni mesti in cui si è ammalati sotto le coperte, mele e pere spezzettate, servite nelle bacinelle di plastica azzurra che le nonne usavano per i panni.

I menu sono quasi tutti identici: minestra di verdure, lonza impanata al forno, minestra di riso in brodo vegetale, passato con crostini, fagiolini, verdura cruda, carote al prezzemolo. Forse chi li pensa ha letto bene la regola di san Benedetto dove l'alimentazione deve «mortificare gli ardori della concupiscenza» ed «essere coerente con la povertà».

I bambini aspettano ogni giorno il miracolo della pizza. È la prima cosa che chiedono alla bidella quando fa il «giro mensa»: «Cosa si mangia oggi? C'è la pizza?» Non ho mai capito, comunque, con quale coraggio si possa proporre a un bambino la pizza con i legumi e il mais per contorno: «Quando vado in pizzeria, – mi ha detto Luigi durante un pranzo, – mica mi danno i fagiolini con la pizza alle quattro stagioni. A scuola è tutto strano».

Sono pochissimi i bambini che amano venire in mensa. Ho sempre pensato che un pranzo gustoso aiuterebbe i ragazzi a vivere meglio la scuola. Certo, negli ultimi anni i comuni e le società di ristorazione hanno cercato di accontentare tutte le esigenze dei diversi palati: menu per i celiaci, per chi non può mangiare la carne di maiale o il pane, per chi ha una delle tante allergie comparse sulla faccia della terra negli ultimi decenni. Resta il fatto che i bambini «subiscono» la mensa. Non scelgono nemmeno cosa mangiare: «I grandi pranzano con quello che vogliono, noi no. Mia mamma fa l'infermiera, – mi spiega Giulia, di dieci anni, arrabbiata perché non c'è nulla che le piace, – e nella sua mensa sceglie se mangiare la pasta al ragú o ai quattro formaggi. Noi non possiamo. Mi spieghi il perché?»

Prima o poi inizierà una rivoluzione dei piccoli. Anzi, è già cominciata. Una bambina scozzese di nove anni, Martha Payne, stufa dei tristissimi pasti serviti nella sua scuola, ha deciso di passare all'azione aprendo un blog (NeverSeconds) e pubblicando ogni giorno una foto del vassoio semivuoto. Ha denunciato cosí la pessima qualità e l'insufficiente quantità del cibo servito.

Con i miei ragazzi ho provato a immaginare una mensa diversa, magari dove assaggiare anche il cibo tradizionale del paese di Fatima o di Simi: «Una volta alla settimana si potrebbero mangiare le cose straniere, tipo il kebab o il chapati». Un'integrazione che parte dalla tavola. I nostri bambini, invece, mangiano senza neanche apprezzare ciò che finisce nelle loro bocche, forse anche perché nessuno spiega loro da dove vengono i prodotti alimentari. La mensa, anziché essere un'opportunità, si trasforma cosí in un rito malinconico, a cui tutti sono costretti a partecipare.

Fortunatamente, nelle gite d'istruzione, si possono fare esperienze positive sull'universo cibo. Alla fiera «Fa' la cosa giusta» di Milano abbiamo scoperto Cozinha Brasil, un'iniziativa che insegna come preparare alimenti economici e senza sprechi. «Ma dài, io, una bevanda fatta con le foglie e i gambi, non la bevo», scherzava qualcuno della quinta. Due minuti piú tardi, quelle bevande ottenute dalle foglie di cavolo, con l'aggiunta di acqua, polpa di maracuja, zucchero e succo di limone, erano diventate il «succo di Hulk» ed erano apprezzate da tutti. Peccato non poterlo fare nelle nostre mense, dove ogni cosa è programmata, scandita, e l'educazione alimentare è relegata alle ore di scienze.

Insomma, manca la possibilità di «provare» quando ci si siede a tavola. In molte mense non viene usata l'acqua comunale e, alla faccia dei programmi scolastici di sostenibilità ambientale, si sprecano bottiglie di plastica.

E gli insegnanti? Non ho mai incontrato colleghi che si siano soffermati a riflettere sull'acqua o sullo spreco. Troppo impegnati a urlare. Ancora piú dei bambini. Certi momenti sarebbero da fotografare: prima mettono in fila i ragazzi come i soldatini. Ognuno deve riempire il proprio vassoio con i piatti, e poi ha l'obbligo di sedersi dove vuole il docente. Se è la cuoca a portare il cibo in tavola, l'insegnante ha già il suo piano: Marco vicino a Giulia, Giulia vicino a Mirko, e Mirko di fianco a lui. A volte c'è persino uno schemino tattico appeso alla parete e concepito in una delle tante ore di programmazione.

In ogni caso, i docenti costretti a fare assistenza in mensa si dividono in due categorie. I primi sono quelli che provano in tutti i modi a far pranzare in certosino silenzio, come se ci si trovasse nel refettorio di un monastero. Tentano di seguire alla lettera il regolamento d'istituto, che prescrive come andare a tavola, quando e dove sedersi:

> Raggiungere la sala mensa disponendosi secondo le indicazioni impartite dagli insegnanti. Stare seduto composto. Utilizzare solo il proprio coperto (piatti, bicchieri, posate). Considerare il momento mensa come un'occasione utile in chiave di educazione alimentare. Tenere un tono di voce moderato. Non alzarsi da tavola se non quando tutti hanno finito di pranzare. Non portare giochi in sala mensa. Uscire dai locali in modo ordinato e secondo le indicazioni degli insegnanti.

I secondi sono quelli che riescono a superare i decibel consentiti dalla legge in un locale. «Stai fermooo! Al ristorante mangi cosí? Tieni le mani sul tavolooo! Mangiaaa!» Spesso i bambini li guardano sconsolati: «Maestro, ma perché gridano a quel modo?» La maggior parte delle volte preferisco non rispondere. Cosí come preferisco non vedere quei bambini che, obbligati a mangiare una pera, cercano in ogni modo di farla cadere oppure colgono l'occasione per infilarla nelle tasche del grembiule o del maglione e farla sparire... Mistero della mensa!

Religione

Classe quarta. Abbiamo appena ascoltato *Il pescatore*, la ballata del 1970 di Fabrizio De André. «Ragazzi, che cosa vi ricorda questa canzone? Che cosa vi ricordano il vino, il pane?» Se l'avessi chiesto a un adulto, forse non avrei ottenuto la stessa risposta con tanta naturalezza: «Mi fanno venire in mente Gesú, maestro. L'ultima cena».

Don Andrea Gallo diceva che aveva cinque vangeli: Matteo, Marco, Luca, Giovanni e De André. Vale anche con i ragazzi. Impossibile non parlare di Cristo quando in musica ascolti Faber. Oppure in geografia quando guardi la bellezza di un promontorio, quando scopri la fauna o la flora; in storia quando capisci che fin dalla notte dei tempi l'uomo ha avuto bisogno di rivolgersi a qualcuno di superiore; in arte quando spieghi che le chiese, le moschee o le sinagoghe sono costruite secondo regole sacre. Sono i bambini che intuiscono, che chiedono: «Ma anche l'*homo sapiens* pregava?» Non c'entra essere musulmano, ebreo, cattolico o ortodosso: il cielo e la terra fanno parte di noi fin dall'infanzia.

La cosa piú affascinante e faticosa per un maestro è rispondere ai perché dei ragazzi, anche quelli personali: «Perché non ti sposi?» «Perché non hai figli?» I bambini si interrogano e ci interrogano. A incuriosirli sono soprattutto i mondi «altri». Poco importa che siano quelli dei dinosauri, dei pianeti, degli animali, della tecnologia o dei grandi. E proprio nei perché dei bambini scopro il desiderio umano di conoscere, fin da subito, ciò che appare misterioso: «Perché preghiamo?» «Perché il prete ci ha detto che per la prima comunione dobbiamo confessare se abbiamo raccontato le bugie o offeso mamma e papà?» «Perché si mangia l'ostia?» «Perché Gesú è sempre in croce?» «Perché siamo nati?»

I perché piú difficili sono quelli sulla morte. Lucia, di otto anni, ha perso il cugino. Qualcuno le ha detto che gli angeli se lo sono portato via. In classe è triste, sta con gli occhi bassi. All'intervallo cerco di capire. «Ma tornerà, maestro?», mi domanda. Provo a spiegarle che ora lui non c'è piú, ma che lei può serbarne un ricordo tutto suo, speciale. Una relazione originale. Tento anche di farmi dire qualcosa sul ragazzo. «Era malato. Perché Dio non l'ha aiutato? Perché l'ha fatto morire?»

Riccardo e Greta, invece, hanno visto andarsene la zia Rosanna. Nessuno ha vietato loro di guardare, toccare, sentire la morte. Hanno pianto e sofferto proprio come i grandi: i loro genitori hanno deciso che dovevano avere lo stesso diritto di un adulto di conoscere la tristezza. Loro, la morte, l'hanno esorcizzata, facendo alcuni disegni per Rosanna. Hanno dipinto sui fogli ciò che pensavano, lasciandoli in dono alla zia. Nessun mistero, nessuna fuga dalla realtà. Non si può nascondere nulla ai bambini. Parlare di morte resta un tabú nelle scuole: non si affronta mai questo tema.

Giordano è un uomo in carrozzina a causa della depressione. Una mattina si è alzato dal letto e, sulla strada verso il lavoro, ha deciso di farla finita gettandosi da un ponte di undici metri. Si è risvegliato in un ospedale, senza potersi muovere. Da allora ha riscoperto la vita, ma stando sulla carrozzella. Giordano ha raccontato la sua storia ai bambini di dieci anni. Loro l'hanno ascoltato senza fiatare, con occhi attenti, facendo i conti con la parola «morte». Hanno discusso con lui delle conseguenze del suo gesto, dei rapporti con i figli e con la moglie, della sua malattia. I bambini, quando vedono una persona in carrozzella, quando vengono a contatto con la morte o con il dolore, si pongono domande a cui noi adulti dobbiamo cercare di dare una risposta mettendo a disposizione l'esperienza che abbiamo.

Far finta di nulla, mostrare solo un lato della moneta della vita, sarebbe come barare.

Ma c'è un'altra cosa che, da maestro, non ho mai mascherato: il mio ateismo. Quando hanno scoperto questa parola, i miei allievi si sono incuriositi. Mi hanno chiesto che cosa significasse. Ho spiegato loro la mia fatica di vivere senza Dio. «Perché hai deciso di essere ateo?» «Allora tu non preghi?» «Come fai a pensare che ciò che è stato creato non viene da Dio?» «E a Gesú credi?» E per finire: «Mia nonna dice sempre che chi non crede va all'inferno».

Per spiegare il mio rapporto con il divino, chiedo loro di disegnare Dio: c'è chi lo fa in alto, in cielo, su una nuvola; chi lo rappresenta con un'aureola in testa; chi lo mette sopra una croce; chi lo rappresenta grande grande, con le sembianze di un vecchio saggio. Poi tocca a me. In genere mi chiedono: «E tu come lo faresti?» A quel punto disegno alcuni bambini, un detenuto, un clochard, un rom. Spiego che, se esiste, l'ho incontrato quando ho fatto il volontario in carcere o nei campi rom. E in quel momento si solleva un polverone: «Ma, maestro, i rom non prendono i bambini? Non chiedono l'elemosina?» C'è una parola che i ragazzi conoscono poco: accoglienza. Perdonare nel senso di «donare per». Spesso il significato di una vita, anche della vita di classe, si gioca tutto attorno a questi concetti.

A volte ho mostrato ai bambini *Centochiodi* di Ermanno Olmi. Il protagonista è un uomo, forse uno di noi, che può diventare Cristo con la propria testimonianza di vita. Amo soffermarmi su questa figura che celebra, come *Il pescatore* di De André, l'ultima cena: mangia e beve con alcuni anziani che si ritrovano con lui sulle rive del Po. Semplicemente, condivide ciò che ha. C'è una frase del film che ogni volta ripeto ai miei alunni: «C'è piú verità in una carezza che in tutte le pagine di questi libri». Ed ecco che i bambini intuiscono cos'è la condivisione con l'altro.

Non sempre è facile. Non tutti i genitori accettano questi discorsi: «Lei parla di cose troppo difficili con i bambini». Per qualche mamma e papà sarebbe meglio continuare a diffondere un'immagine tradizionale: il Dio in paradiso, con la barba, pronto a dividere i buoni dai cattivi. Un Dio troppo lontano. Non ho mai nemmeno capito perché Gesú Cristo debba essere sempre rappresentato sulla croce, nelle nostre classi. La sua figura, per i bambini, è legata al dolore, alla pena. Perché non appendere, al posto del crocefisso, l'immagine di un neonato, di un campo di girasoli o ancora di uno stormo di uccelli? Non farebbero forse pensare alla resurrezione, alla bellezza del creato?

A Natale, alcuni insegnanti amano fare il presepe vivente con i ragazzi, e riescono a trovare la canzoncina adatta per la festa con i genitori. È un rito che si ripete in molte scuole: ho visto bambini travestiti da angeli, pastorelli, san Giuseppe e Maria. I bambini diventano parte di una «liturgia» che si consuma ogni anno. Mi diverto a sconvolgere questi festeggiamenti leggendo con gli allievi delle quinte gli *Auguri scomodi* di don Tonino Bello:

> Giuseppe, che nell'affronto di mille porte chiuse è il simbolo di tutte le delusioni paterne, disturbi le sbornie dei vostri cenoni, rimproveri i tepori delle vostre tombolate, provochi corti circuiti allo spreco delle vostre luminarie, fino a quando non vi lascerete mettere in crisi dalla sofferenza di tanti genitori che versano lacrime segrete per i loro figli senza fortuna, senza salute, senza lavoro.

I miei colleghi non se l'aspettano una lettura del genere durante le recite infarcite di *Tu scendi dalle stelle* e *Jingle bells*.

I bambini comprendono meglio di altri il significato delle parole del vescovo pugliese. Qualcuno di loro ne ha risentito l'eco quando abbiamo letto, dopo mesi, un articolo sulla disoccupazione o quando, in un viaggio d'istruzione a Roma, abbiamo incontrato per la strada un clochard: «Maestro, negli auguri che ci hai dato si parlava di queste persone».

Mi resta un cruccio: Fatima, Hamed, Ioanna, Igor e Taresh non ci parlano quasi mai del loro modo di pregare, delle loro chiese, delle loro festività. Anzi, quando c'è religione, non la fanno. Escono prima dalle lezioni, oppure vengono mandati in qualche altra classe. Ma Hamed avrebbe molto da raccontare dell'Islam: ci ha spiegato come funziona il Ramadan, e quante volte si prega al giorno portando in classe una curiosa sveglia che all'alba, a mezzogiorno, al pomeriggio, al tramonto e di notte riproduce la voce del muezzin.

Fatima, poi, è orgogliosa perché suo padre è l'imam della moschea. Ne ha chiarito il ruolo per i musulmani: «È lui che parla nella nostra chiesa». Sconvolgente per Marco: «Ma finiscila, i preti non si possono sposare. Don Mario non ha figli. Tuo padre non può essere il capo della moschea». Pronta la risposta di Igor, bulgaro, cristiano ortodosso: «Nel mio paese siamo cristiani, ma il pope è sposato e ha figli». Ecco un dibattito ecumenico in classe, tra i bambini. Un'occasione preziosa che il maestro coglie per parlare di un solo Dio, per chi crede, e delle tante differenze che rappresentano una ricchezza per l'umanità.

Sarebbe bello pensare a una classe dove Ikram legge il Corano, Giovanni la Bibbia e Simi la Śruti. Una scuola dove i bambini italiani fanno il presepe per regalarlo ai compagni induisti, mentre i ragazzi musulmani invitano gli amici a pranzare alla «festa del montone». Una scuola dove c'è un crocefisso ma anche Ganesh, se tra i banchi sono seduti ragazzi indiani. Perché in fondo, come mi ha insegnato un bambino musulmano: «Dio è uno solo. Sono i cieli che sono tanti».

Educazione tecnologica

«Maestro, sei su Facebook?» È una delle prime domande che sento quando entro in una nuova classe. Una volta che i miei allievi sanno come mi chiamo, se ho una moglie e dove abito, la domanda è inevitabile e serve a comprendere se faccio parte dei maestri moderni o di quelli della vecchia guardia. Un quesito che giro subito ai miei piccoli «uomini e donne», che mi stanno davanti con gli occhi sgranati, incuriositi dall'arrivo di una sorta di marziano per la scuola italiana: maestro maschio, giovane, con iPhone, iPad e quotidiano in mano. «Voi usate internet? Avete Facebook?» Ci vuol poco a scoprire le loro carte: tutti o quasi hanno un personal computer, i piú piccoli sanno cos'è Facebook, vorrebbero già chattare a otto anni con i loro amici, «mettere su» – come dicono nel loro gergo – le fotografie del compleanno o delle vacanze. Ma non si può. Per ora guardano il profilo della mamma con invidia.

In quinta elementare, il film cambia. Per parlare con loro posso usare due linguaggi: la lingua italiana – che, nonostante le critiche dei detrattori, i bambini conoscono allo stesso modo delle generazioni precedenti – o quella di internet. Qualche volta ho «accesso» ai loro sms o al mondo segreto dei biglietti. Per capire o per rispondere ai loro messaggi devo impostare la mia testa su un nuovo canale: *4ever*, abbreviazione dell'inglese *forever* («per sempre»); *c6?*, omofono della domanda «ci sei?»; *cmq*, contrazione di «comunque»; *k* contrazione di «che».

I figli della rete sono nati nell'epoca 2.0, poco dopo l'entrata di internet nelle nostre case: il rilascio dei primi browser è datato 1994 (Netscape Navigator) e 1995 (Internet Explorer). Il social network piú diffuso al mondo, Facebook, è sbarcato nel pianeta degli adulti quando i miei primi alunni avevano sei anni, nel 2004. Chi è nato nel terzo millennio non ha mai fatto una telefonata da una cabina. «La prima volta che ho chiamato qualcuno, l'ho fatto con il cellulare», mi spiega Maruska, che ha dieci anni. I miei alunni, poi, non hanno mai messo le dita su una Olivetti Lettera 22, ma usano pollice, indice e medio per digitare parole su un touch screen. Hanno imparato a leggere l'ora sul cellulare, e non certo sulle sveglie o sugli orologi.

Quando abbiamo fatto un laboratorio di educazione all'immagine andando in giro per il piccolo paese di Bottaiano a fotografare i volti rugosi di alcuni anziani e l'antica Villa Obizza, ormai abbandonata, i bambini sono arrivati con una moderna macchina digitale, suscitando nel maestro un po' di nostalgia per la vecchia Polaroid che scattava le istantanee.

Il mangianastri, le musicassette, i dischi, persino i cd sono materiale da museo per la generazione Duemila. Ho provato a portare in classe i vecchi vinili della colonna sonora di *Furia cavallo del West*, *Mazinga Z*, *Heidi*, e il mio mangiacassette arancione: i miei allievi li hanno guardati come se fossero reperti archeologici trovati negli scantinati della scuola. «Maestro, come facevi ad ascoltare la musica con quel coso? Si sente troppo male. E poi queste canzoni ci sono sull'iPad!» Dall'inizio della nuova era, lettori mp3, memorie flash e masterizzatori dvd hanno segnato il declino del supporto magnetico. La prima generazione di iPod è stata lanciata nel 2001, e da allora l'ascolto della musica ha subito una vera e propria rivoluzione.

Quanto alle cartine e alle mappe, i miei allievi le vedono solo a scuola, appese al muro. Per muoversi con mamma e papà, per capire dov'è una città o dove andranno in vacanza, usano il navigatore.

Mentre in aula discutevamo i dati diffusi sul quotidiano «La Stampa» in merito all'uso di internet, Maria ha disegnato su un foglio una sorta di schermo con una serie d'icone: messaggi, musica, iBooks, internet, Google, impostazioni, Tg4, foto, video, giochi, Facebook, note, radio, biblioteca, documenti, calcio, film, negozio, Mc (che sta per McDonald's), calendario, immagini, YouTube, email, Safari, iTunes. In un foglio mi ha descritto la sua vita, ha riassunto il mondo della sua generazione.

Nell'esistenza di chi è nato nel terzo millennio è entrata anche la mela di Steve Jobs, soprattutto dopo il 2007, data del lancio del primo iPhone: se per mio padre, cresciuto nel secondo dopoguerra, e per molti miei colleghi, arrivati nel mondo della scuola negli anni Settanta, quel simbolo non ha un particolare significato, per i miei allievi è sinonimo d'innovazione. La sanno riconoscere, è come l'emblema della Nike. E avere un telefono o un tablet con il marchio di Steve Jobs «fa figo».

L'oggetto dei desideri dei miei alunni è l'iPad. Le letterine rivolte a Santa Lucia e Babbo Natale non contengono piú richieste di giochi in scatola o dell'ultimo modello di macchina telecomandata né di Playstation o Xbox 360, ma preghiere per vedere sotto l'albero l'ultima versione dell'iPad. Uno dei miei allievi mi ha fatto leggere una sua letterina a Babbo Natale:

> Caro Babbo Natale,
>
> mamma e papà mi hanno detto di scriverti questa lettera perché quando sarai nella Italia potrai passare anche a casa nostra. Tra l'altro ci siamo trasferiti da poco nell'appartamento nuovo in via Roma e se non trovi la strada puoi chiamare il papà. Quest'anno mi sono comportato bene, lo dice anche la maestra Francesca. Ho preso bravissimo in matematica e immagine, quasi sempre bravo in italiano. E non ho quasi mai litigato con mia sorella. Voglio che mi porti anche a me il *aipad* come quello che ha papà. Ho visto al supermercato dove andiamo con la mamma e la zia il SuperPaquito che ha anche tutti i giochi.

Chissà quante missive di questo genere avrà ricevuto Babbo Natale nel 2012: tutti pazzi per i baby tablet. Un'idea che sembra avere già avuto un gran successo in America, dove Vinci, il modello della Samsung, ha conquistato anche i bimbi da zero a cinque anni. A inventarlo è stato il professor Dan Yang dopo aver osservato sua figlia di pochi anni manovrare con naturalezza uno smartphone.

«Ora papà ha il suo iPad e io ho il mio», spiegano i miei allievi di terza. Lo vogliono per sentirsi già adulti. D'altro canto, quando si è bambini, si gioca a fare i grandi. E nel Duemila ci si diverte a fare le mamme e i papà non piú con il carrello della spesa e la finta cassa, ma con l'iPad. I miei ragazzi salutano con particolare entusiasmo il mio arrivo in classe perché, oltre al quotidiano e alla borsa, sottobraccio ho proprio questo oggetto, che diventa protagonista delle mie lezioni e dei momenti di svago. Spesso mi chiedono di giocare a Fifa 2013. Confesso: l'ho scaricato per curiosità e poi mi sono ritrovato a divertirmi con loro.

Mi sono chiesto molte volte: faccio bene a giocare a scuola con l'iPad insieme ai miei ragazzi? La risposta è stata sí. Ho deciso di esserci. Al contrario di quei maestri che all'intervallo fanno i carabinieri in un angolino dell'atrio, io gioco con loro. E la differenza sta proprio nella preposizione «con». I bambini se ne accorgono: «Maestro, tu parli come noi e ti metti a giocare».

Cambia poco se ci divertiamo insieme con i mattoncini della Lego o con Fifa 2013. L'importante è non lasciarli soli. Scelte che mi sono costate qualche vicissitudine, come quando, dopo la mensa, i miei alunni erano riversi sulla cattedra urlando: «Dài, maestro, pressa, pressa, tira, dài!» Improvvisamente ho sentito: «Buongiorno». Era la vicedirigente con il direttore amministrativo della scuola. Per fortuna hanno capito la mia filosofia. Piú o meno.

Le mie prime esperienze da maestro risalgono al 1999. Facevo il giornalista in un quotidiano locale e l'insegnante per accumulare punteggio al concorso d'abilitazione. In redazione erano già arrivati i personal computer, la connessione aveva cambiato il modo di fare giornalismo. A scuola ancora non si vedevano i cellulari. Nei laboratori d'informatica giravano ancora i cd. Le chiavette Usb non esistevano.

Sette anni dopo entravo nel mondo della scuola con un contratto annuale da precario: i miei primi alunni avevano nove anni. Li ho visti crescere, cambiare grazie anche alla tecnologia. Li ho educati a usare l'email e i social network, in un laboratorio d'informatica dotato di personal computer donati da un'azienda che non li usava piú, senza lavagna multimediale, con una connessione da epoca dei Flintstones. Ho visto sotto i miei occhi l'evoluzione da *homo sapiens sapiens* a *homo sapiens online*.

I primi segnali sono arrivati quando i genitori o i parenti hanno iniziato a regalare il cellulare ai bambini per la comunione o per la cresima. Tra il grande sconcerto degli insegnanti, i piccoli cybernauti arrivavano in classe con modelli di Nokia, Ericsson e Samsung ormai scomparsi dalla faccia della terra. Oggi, in una classe quinta delle elementari, su diciannove allievi solo cinque non hanno il cellulare. Ne hanno persino uno personale. «Ma tu, Valeria, che cosa lo usi a fare?», ho chiesto a una bimba di quarta. «Maestro, ma io sono fidanzata, mando sms». Chiaramente stiamo parlando, nella maggior parte dei casi, di smartphone o videotelefonini. A dieci anni può capitare che un bambino abbia già cambiato un paio di telefoni passando dal modello base a quello piú tecnologico, con chat e touch screen.

In quarta o quinta elementare portano il cellulare in classe, lo nascondono in cartella. Lo usano al parco quando escono a giocare. Conoscono alla perfezione le sue funzioni. Quando permetto, nei momenti di pausa dalle lezioni, di usare il mio iPhone, Giorgia scatta fotografie, accede a Google, ascolta la musica; Matteo mi chiede se ho qualche gioco; Luca insiste perché scarichi l'ultima applicazione. A volte mi guardano stupiti e mi chiedono: «Come, questa non ce l'hai?» Esattamente come facevo io con le figurine.

È capitato con WhatsApp, un'applicazione per iPhone con la quale si possono mandare messaggi gratuitamente. Non sapevo che esistesse finché Tommaso, che ha dieci anni, mi ha illuminato sulla via della Apple, informandomi di questa novità. Sono le strategie che i ragazzi usano per riuscire a messaggiare tra loro senza bruciarsi la paghetta. Ed ecco svelato l'arcano che i genitori non capiscono: i loro figli come fanno a essere sempre con le dita sullo schermo senza spendere troppo di ricarica?

Il telefonino viene soprattutto utilizzato per assolvere alla sua funzione basilare: chiamare ed essere chiamati dai genitori. Basta vedere i piccoli in gita: quando vanno da Ricengo a Crema (a cinque chilometri dalla scuola), chiamano mamma e papà, li informano su dove sono, su cosa stanno vedendo: non si sa mai che arrivi l'uragano Katrina proprio mentre sono «lontani» da casa. Merendina e cellulare non mancano mai come viatico.

Per il resto, i bambini mandano sms, fanno fotografie, giocano e ascoltano la musica con il telefonino. È tutto virtuale: non c'è piú nessuno che stampa una foto, che compra un disco o scrive una lettera a mano. Quando vedo le maestre d'italiano che insegnano a scrivere con precisione ed eleganza in corsivo, penso sempre che forse, prima o poi, non servirà piú, perché nessuno prenderà in mano carta e penna.

Per i primi alunni che ho avuto, e che oggi sono all'inizio delle superiori, lo smartphone è una parte essenziale della vita. Loro messaggiano, chattano, cercano informazioni, scaricano e fanno video, ascoltano musica, fotografano, «cuccano», si innamorano, si odiano, si mandano a quel paese, si danno appuntamenti, grazie al telefonino. Non lo mollano mai. Quando si alzano, ancor prima di mettere i piedi giú dal letto, accendono il cellulare. Anzi, la maggior parte non lo spegne nemmeno durante la notte: potrebbe arrivare un sms di tale importanza da cambiare la vita. Mentre fanno colazione, partono i primi messaggi.

Non so se vi è mai capitato di prendere uno degli autobus o dei treni che questi giovani usano per andare a scuola. Tratta Crema-Treviglio: circa venti minuti di viaggio. Ho visto ragazzi che non staccavano gli occhi dal cellulare un solo istante. Riescono persino a camminare con il telefonino in mano senza inciampare, senza finire contro un palo.

Una fotografia realistica, tuttavia, non può far passare l'idea che la maggior parte dei miei ex alunni viva solo di cellulare. Non è cosí. Mi ritrovo di tanto in tanto a far lezione di giornalismo, di educazione alla legalità o di altro ancora alle superiori. In uno degli ultimi incontri in un istituto tecnico, ho notato che su quaranta ragazze solo due o tre non potevano fare a meno di digitare l'ennesimo sms, magari al fidanzato, mentre mi ascoltavano.

Quando guardo la mia classe e ripenso al mio primo giorno da maestro, posso dire con certezza che in sette anni è avvenuta una rivoluzione sociale: i bambini hanno arricchito non l'immaginario ma la loro vita reale con nuovi prodotti tecnologici. Disegnano cellulari e personal computer. È come se fossimo su un altro pianeta. Come se stessimo facendo un viaggio, ma senza sapere con precisione dove ci porterà. Alla guida della navicella spaziale ci sono i bambini, che hanno intuito il loro compito: trasportarci in una nuova era.

Avere uno smartphone, nella maggior parte dei casi, significa poter accedere da subito al meraviglioso mondo di internet. Questa parola, che non esiste nel mio vecchio vocabolario d'italiano DeAgostini, stampato nel 1982 – lo tengo sulla scrivania accanto al dizionario dei sinonimi e contrari –, è nel dna della generazione Duemila.

Chi è nato nel 1975, come me, ha visto i personal computer sbarcare negli uffici. Il mio primo pc è stato un Commodore 64, commercializzato dal 1982 al 1993. I primi articoli, nel 1995, li battevo su una macchina da scrivere elettronica dell'Olivetti, per poi spedirli via fax. Non avrei mai pensato di poter inviare un testo dall'altra parte del mondo in pochi secondi mentre sono in metropolitana o in spiaggia. Da piccolo non riuscivo a immaginare che un giorno avrei fatto a meno della cornetta e che avrei avuto un telefono con il quale acquistare direttamente un viaggio aereo, ascoltare musica, scattare fotografie e girare video.

La generazione dei miei allievi è cresciuta con internet. Nelle case degli italiani è arrivato in ritardo, ha bussato nel 1996 ed è entrato tra il 1999 e il 2000. La generazione 2.0 sta crescendo con un dizionario diverso rispetto a quello del passato: email, social network, link, YouTube, acquisti online sono termini che fanno parte del linguaggio quotidiano.

A otto anni hanno già ben chiaro a che cosa serve quello schermo che papà si porta sempre appresso come fosse una vecchia agenda. «C'è sempre meno lavoro, e mio padre lo cerca su internet. Sai, maestro, puoi anche trovare moglie con Google. Basta che metti maestro, carino, giovane, con la barba, cerca fidanzata».

C'è anche chi, nel mostrarmi le proprie capacità tecnologiche, precisa: «Io compro i vestiti in rete». È chiaro che i bambini non lo possono fare. Ma quando vedono mamma e papà acquistare oggetti online, si immedesimano. All'intervallo li ho visti giocare a fare acquisti su un immaginario computer, che, in realtà, era lo schienale della piccola sedia di legno. Altro che la vecchia scatola di *Indovina Chi?*

I bambini ci guardano. Imparano, smontano e rimontano le informazioni che arrivano sui loro banchi da almeno tre generazioni diverse: quella di mamma e papà, quella dei maestri autodidatti dell'era tecnologica e quella dei fratelli piú grandi, i primi figli dell'epoca 2.0.

È normale che un ragazzino di dieci anni abbia un account email. Mario, un mio alunno di quinta, mi scrive, allegandomi un link: «Maestro, senti che belle le tre sigle piú famose di *Dragon Ball*. Ci vediamo». Ho ascoltato le magnifiche musiche del cartone animato piú amato dalla generazione Duemila rispondendo con un: «Mi piace. Davvero belle». C'è anche chi usa l'email per darmi comunicazioni urgenti alle nove di sera passate: «Maestro, io non so cosa fare perché devo ancora studiare due pagine di storia, ma stasera non ho voglia. Come faccio? Se ti va bene, visto che venerdí andiamo in gita, le due pagine le posso studiare per la settimana prossima? Quello che voglio chiederti è se tu venerdí interroghi. A proposito, non dirlo a nessuno». Chiaramente nemmeno ai genitori. Segreto mantenuto: maestro muto come un pesce... E in quarta una mia alunna mi scrive: «Ma quando dici che mi comporto male, che disturbo, è la verità? Ciao, a lunedí!»

Alunni di oggi e di ieri mi contattano per sapere come sto.

Mi chiedono consigli, consulenze sulla scuola, mi raccontano cosa hanno fatto nel weekend, mi avvisano dell'incidente di un amico o di un problema che hanno avuto. Qualcuno mi manda addirittura un messaggio per farmi sapere che le medie sono piú belle delle elementari. È il loro modo di comunicare, di restare in contatto, di condividere. Chi usa il loro linguaggio è nel loro mondo. Chi non ha l'email, chi non risponde, è fuori. È su un altro pianeta.

Oggi la sfida è proprio questa: essere parte di loro. Essere gli eredi di Gutenberg e allo stesso tempo dialogare con i figli della rete. Le nostre generazioni non possono restare separate. Bisogna colmare un divario che in Italia esiste ancora. E a mettere una toppa al *digital divide* sembrano essere proprio i piú giovani, i bambini. Non è raro sentire genitori che chiedono al figlio di dieci o undici anni: «Come si fa ad andare su internet con questo aggeggio?» Oppure: «Manda l'sms tu, che sai usare il telefonino».

Tuttavia la quota di case che dispone di un accesso a internet in Italia resta ancora bassa, poco piú di una su due. Sembra impossibile nel Duemila, ma anche in questo caso il divario sociale si fa sentire e ha ripercussioni sui bambini: le famiglie piú tecnologiche sono quelle in cui il padre è un dirigente, un imprenditore, un libero professionista, un quadro o un impiegato. In quelle case ci sono l'iPad e l'Adsl. Ci si connette per lavoro, per vedere film, per imparare, per viaggiare, per scoprire una mostra. Agli altri bambini non manca il personal computer, ma non è detto che lo usino per navigare.

Quando affido loro un compito come studiare il capoluogo dell'Emilia Romagna andando sul sito del Comune di Bologna, c'è sempre qualcuno che alza la mano e mi ricorda: «Maestro, io a casa non ho internet». Sono bambini che rischiano di essere discriminati dagli altri per deficit tecnologico. E c'è anche chi, al contrario, è una sorta di baby Bill Gates, e a otto anni fa da maestro a mamma e papà. Si può intuire durante le riunioni con i genitori. Mi è capitato di chiedere loro l'email per comunicare i preventivi di una gita. «La mia casella di posta elettronica è quella di mio figlio», mi ha risposto una mamma. Oppure: «Non la so. Domani se la faccia dare da Luigi».

Ma che cosa fanno su internet i nostri ragazzi?

Basta stare una settimana con chi è nato tra il 1996 e il 2003 per capire che non possono rinunciare a Facebook, il social network piú diffuso al mondo che, assieme ai videogiochi, è il fulcro della vita della generazione Duemila. Lo stupefacente mondo di Zuckerberg strega tutti: dai bambini agli adolescenti non c'è nessuno che non sappia cosa sia, che non abbia il desiderio di avere un profilo o che non ce l'abbia già, nonostante l'età minima sia tredici anni.

Massimo ha dieci anni e fa la quinta. Si è registrato inserendo come data di nascita 28 maggio 1995. Datore di lavoro: Football Club Internazionale Milano. E una piccola postilla: non fare niente. Istruzione: Istituto professionale Sraffa. Con tanto di anno di diploma: 2002. Peccato che, essendo nato nel 1995, non potrebbe aver fatto la maturità nel 2002... Ma andiamo avanti. Lingue: italiano, inglese, spagnolo. Magari, penso leggendo le informazioni nel suo profilo. Non basta. Massimo aggiunge le sue passioni: il calcio – «megabello» –, la pesca e le macchine. Eccoci, il gioco è fatto. Siamo in Facebook con oltre duecento amici, maestro compreso.

Florina, invece, è una mia ex alunna arrivata in Italia dalla Romania a nove anni. Quando tre anni fa è piombata a scuola, non sapeva una sola parola della nuova lingua. Viso sveglio, occhi dolci e furbi, nascosti sotto una frangetta curata. Ho visto raramente il padre, quasi mai la madre. Per la scuola era affidata alla sorella, che però non si occupava di lei. Alla fine dell'anno i miei colleghi hanno deciso, in accordo con la famiglia, di rinviare il suo ingresso alle medie per «migliorare il suo apprendimento». Tre anni piú tardi me la ritrovo su Facebook. Anno di diploma: 2009. Città natale: Crema. Niente data di nascita, l'ha nascosta. Ha piú di cento amici. Non sa ancora bene l'italiano, ma Facebook ha imparato a usarlo perfettamente.

Anche un altro dei miei ex allievi, Dario, al quale ho dedicato parecchio tempo della mia vita non solo scolastica, fa parte della «grande famiglia». Ho trascorso molte ore con lui, non solo in classe. Anche perché fare il maestro significa andare oltre la cancellata della scuola, salire sullo scuolabus dei ragazzi, stare con loro a giocare, entrare nelle loro case. Cosí, sono stato spesso ospite della famiglia di Dario. Una tv all'angolo destro della sala che trasmetteva *Il grande fratello* e una sul lato sinistro con la partita. Sul tavolo il pc acceso, continuamente connesso a internet. Dario ha cambiato ben tre regioni, tre istituti. Ma su Facebook c'è. E da qualche giorno mi ha contattato anche su WhatsApp.

L'esperienza in classe mi fa pensare che usino Facebook tanto i bambini quanto le mamme. Spesso mi è capitato di sentire: «Anche mia madre ha il profilo». Sorrido ancora se ripenso a quel che ha detto Tania una volta: «A me piacerebbe avere Facebook, ma non posso. Io spio quello che scrive mamma. Guardo le foto che mette». Ho sentito queste parole mentre raccontava a due compagne di otto anni una marachella: si era infilata sotto il tavolo per arrivare all'obiettivo «computer della mamma» e vedere che cosa c'era scritto sullo schermo.

In ogni caso, c'è un preoccupante gap tra quello che i bambini e i ragazzi fanno online e quello che ne sanno i genitori. Le mamme e i papà si fidano troppo. Me lo raccontano i miei alunni di oggi e di ieri. «I miei non vengono mai a vedere». Oppure: «Tanto mia mamma non sa la password». Furbi, crescono sotto gli occhi di genitori convinti che siano «troppo piccoli» perché capiti qualcosa.

Questa disconnessione digitale tra figli e genitori fa sí che molti adolescenti intraprendano attività discutibili, pericolose o addirittura illegali. Ho alunni che a dieci anni sanno cos'è un sito pornografico, che mi spiegano dove e come scaricare musica. Quando i genitori si presentano ai colloqui, di fronte all'evidenza o cadono dalle nuvole o alzano il muro difensivo: «Ma si figuri! Mio figlio, se apre il computer, lo fa quando ci sono io». «Lo controllo. Certe cose non gliele permetterei mai. Mi dice tutto». «Non resta ore all'iPad se non ci siamo io o mia moglie». Il formulario del perfetto genitore è lungo. Mamma e papà sono i migliori avvocati dei loro figli.

Nel caso dei ragazzi tra i quattordici e i diciassette anni, però, non possiamo pensare che mamma e papà entrino nel profilo, spiando i messaggi all'amico o al primo amore: il social network è il diario del cuore di oggi, quello che un tempo, per le ragazze, aveva la chiave e il lucchetto. Inoltre, già dalle elementari, qualcuno pretende di non avere occhi indiscreti alle spalle mentre usa internet. «Io vado in camera, non mi faccio vedere quando parlo via Skype con mio fratello in Ucraina», racconta Alena.

L'urgenza è educare. Siamo di fronte a un bivio importante: la comunità, che è composta da scuola, famiglia, agenzie educative, vuole accompagnare questi ragazzi nel mondo di internet? O preferisce lasciarli soli a subirne le conseguenze?

I bambini ci osservano e ci interrogano. Ci chiedono di essere seguiti, vogliono che li accompagniamo alla scoperta di internet. Nella scuola, tuttavia, l'ignoranza dei docenti in merito è esemplare. Il dibattito in corso in molti istituti è, al massimo, se essere o no amici su Facebook dei propri alunni. Mi è capitato di discuterne con la mia ex insegnante di filosofia. «Anche se vuoi fare l'amico, resti comunque in cattedra», mi spiegava. Credo che questa sia una verità sacrosanta, soprattutto alla scuola primaria. Anche dopo anni, molti dei miei allievi, pur avendo confidenza con me, continuano a chiamarmi «maestro». Mi chiedono consigli per conquistare una ragazza, m'invitano a «farmi una bionda» con loro, ma per loro resto «colui che sapeva e che sa».

E ancora una volta mi viene in mente don Lorenzo Milani. Adele Corradi, che con lui ha vissuto a Barbiana, scrive sulla rivista «Gli Asini»:

> Certamente a Barbiana il maestro contava. Ci sarebbe da farci una tesi di laurea, sul ruolo del maestro [...]. L'autorità del maestro era indiscussa, ma non era mai fine a se stessa. A Michele, che gli aveva scritto «questa scuola non mi serve», don Lorenzo risponde con una bellissima lettera che lo scopo della scuola dev'essere esattamente questo: far dire allo scolaro «questa scuola non mi serve piú». E sarà il ragazzo a fare scuola, e sarà utile a tutti se dopo un'esperienza in fabbrica tornerà e racconterà [...].

A don Lorenzo non sfuggiva niente di quello che avveniva nella stanza in cui si trovava, assolutamente. Quando dico che niente passava inosservato è vero. E non succedeva niente a Barbiana all'insaputa del maestro. E questo derivava anche dal fatto che il maestro conosceva molto bene i suoi ragazzi, li confessava. Si viveva nell'attenzione. Ma il rapporto rimaneva sereno, il maestro cosí attento semmai facilitava la vita, non ci si sentiva vigilati.

Queste parole tornano utili ancora oggi: il maestro non può stare solo dietro la cattedra. Deve stare anche davanti, girare tra i banchi, entrare nella vita dei suoi alunni, vivere nell'attenzione. Essere amico su Facebook con un allievo significa proprio coniugare al presente quel «vegliare» milaniano. Il maestro «conta» anche sul social network. Anzi, la sua autorità è tale che può permettersi di fare da guida pure in un mondo virtuale. D'altro canto, i miei alunni inviano commenti sulla mia bacheca pubblica rivolgendosi a me come in classe: «Maestro».

Ma in che modo educare i bambini all'utilizzo dei nuovi media? Alcune riflessioni sul cyberbullismo permettono di indicare una strada. I dati fanno supporre che il fenomeno sia in crescita anche in Italia, soprattutto nella fascia compresa tra i dodici e i diciannove anni. I cyberbulli prendono di mira i piú timidi, i secchioni, le ragazzine fragili. Contro di loro, è come se si scatenasse una guerra. «Se uno si veste male o è grasso, è troppo sfigato», riassume un mio ex alunno.

Le tecniche sono diverse: si diffondono informazioni false tramite internet o il cellulare, si creano pagine contro la vittima, oppure la si perseguita su Facebook e su Twitter. Nell'esperienza quotidiana tra i banchi di scuola, ho registrato piú di un caso del genere.

Jasmine è una ragazzina di dieci anni, sveglia e intelligente. È nata in Italia, ma i suoi genitori sono tunisini. Tiene molto alla sua cultura, alle sue tradizioni. Non nasconde la sua religione, com'è giusto che sia. Sembra ben integrata. L'ho osservata piú volte: gioca, parla, ride con tutti. Anche la sorella piú piccola, che frequenta la stessa scuola, è inserita. Un giorno qualcosa si inceppa. Jasmine cambia volto. Diventa piú triste, piú cupa. Un messaggio Facebook, inviato dal profilo della madre di Giovanna, una compagna di classe, le cambia la vita. Spunta, per la prima volta nella sua esistenza, la parola «razzismo». La madre della piccola tunisina ne è convinta. Quel messaggio è stato inviato per discriminare la figlia.

Da una rapida indagine, però, scopro ciò che avevo intuito fin dall'inizio. A digitare la frase è stata la stessa Giovanna che ha utilizzato il profilo di sua mamma per rivalersi su Jasmine: «Non l'ho fatto perché è tunisina, maestro. Non mi interessa. Ma lei in classe mi comanda sempre». A questo punto cerco di far capire a Giovanna che non tutti ci possono stare simpatici, e che in una classe dobbiamo imparare ad accettare l'altro. È un po' quello che avviene nella nostra vita, nei nostri luoghi di lavoro, persino nelle nostre chiese: non siamo fratelli e sorelle, ma persone che imparano a vivere insieme e ad accettarsi.

La scuola ha pure questo compito: insegnare a guardare all'altro con mitezza. Il bullo cerca lo scontro, noi abbiamo il compito di provare a educare all'incontro. Anche confrontandoci quotidianamente con la necessità di aumentare la consapevolezza sull'utilizzo dei media nelle nuove generazioni, e iniziando a considerare i bambini e i ragazzi quali veri soggetti di diritti e servizi in rete, «consumatori» dell'informazione online.

In ogni caso, la certezza è una: non possiamo fermarci a dare etichette, pensare che Facebook sia il male o che vi si pubblichino solo nefandezze. Un atteggiamento del genere non serve, e soprattutto incrementa la disonestà intellettuale di certi docenti che, con ignoranza, non riescono a vedere nei social network strumenti utili. Quindi, mai dare giudizi. Anche perché, come ha detto il cardinale Crescenzio Sepe in un convegno: «Anche Gesú, se nascesse oggi, si sarebbe iscritto a Facebook».

Come sempre, ad andare «incontro» ai ragazzi, sono quelli che studiano i fenomeni di comunicazione e i profili sui social network: i programmi televisivi e le radio piú seguite dagli adolescenti. Cosí, anche la pubblicità si è adeguata: da Mulino Bianco a McDonald's, da Amica Chips a Adidas, da Nike a Vans, tutti hanno una pagina ufficiale curata da esperti, sulla quale arrivano ogni giorno i commenti di centinaia di ragazzi.

Ogni programma dedicato ai giovani ha un profilo: la rete televisiva Mtv, tra le piú seguite dai bambini e dagli adolescenti, conta moltissimi fan. *Ginnaste. Vite Parallele* posta sulla sua bacheca le foto di chi segue la trasmissione, e sonda i consumatori con domande tipo: «Ginnaste e ginnasti, ora chiediamo un parere a voi. Quale attività vorreste svolgere su questa pagina, in attesa di nuove notizie?» La casetta con il mulino resiste di generazione in generazione e ha una bacheca su cui fioccano i commenti dei fan. C'è chi chiede di «rimettere le sorpresine del mugnaio nei pacchi di merendine» e chi vuole sapere «quando verranno spediti i regali della raccolta».

La convinzione che le aziende siano pronte a ottenere il favore dei nostri figli mi ha spinto a organizzare un percorso sulle bevande alcoliche ed energizzanti in quinta elementare, grazie alla collaborazione della Coop. Ho deciso di parlare di questo argomento, che di solito è affrontato alle superiori, perché è necessario lavorare sull'educazione al consumo fin da subito. Bisogna essere consapevoli che, se non siamo noi a farlo, lo faranno le aziende di produzione di birre, superalcolici e altre bevande, grazie a internet e alla televisione. Un esempio tra i tanti: il produttore di una famosa bevanda ha investito, sul web e in tv, su un tormentone. Alla vista della pubblicità la maggior parte dei miei allievi si mette a canticchiare il jingle, che è sbarcato nella loro testa senza alcun filtro.

Chi invece sembra ancora lontana secoli dall'uso dei social media e di internet è proprio la scuola, il luogo dove i bambini e gli adolescenti trascorrono la maggior parte del tempo. Eppure mandare o ricevere email, telefonare tramite internet, effettuare videochiamate o scaricare software sono attività diffuse tra molti bimbi di dieci anni, che dimostrano una precoce confidenza con le tecnologie telematiche. La scuola sembra non saperlo. Anzi, il sistema d'istruzione italiano è come le tre scimmiette.

Non sente e non vede le esigenze dei propri allievi, e si tappa pure la bocca. Chiunque siede in cattedra potrebbe raccontare cose mai viste in tema di dotazione tecnologica. Spesso, gli stessi docenti non sanno usare internet perché fanno parte di una generazione cresciuta nel tempo di Gutenberg.

In sette anni d'insegnamento ho accumulato una serie di fotografie di situazioni al limite, da chi non sapeva inviare un'email a chi non era in grado di cambiare la cartuccia della stampante. Stare in una scuola dove ci sono sedici personal computer nuovi senza connessione wireless è come avere una Ferrari senza benzina. Nella mia vita di maestro mi sono trovato in laboratori didattici dove quattro ragazzi, per carenza di materiale, erano costretti a lavorare sullo stesso personal computer, oppure in scuole dove c'era da un anno la famosa Lim, la Lavagna interattiva multimediale, ma non era collegata a internet.

Una volta mi sono proprio illuso. Arrivato nell'istituto in cui sapevo che c'era la Lim in terza, ho acceso la lavagna, ma presto ho scoperto che non era connessa. «Problemi burocratici», mi ha risposto una solerte collega, addetta alla dotazione informatica della scuola. Aveva fatto tutto il possibile, ma... C'è sempre un «ma» nella scuola. Non ho aspettato un solo istante per scrivere, dal mio iPad, un'ironica email al mio dirigente: «Avere una lavagna multimediale appesa al muro non collegata a internet è come avere l'opportunità di uscire una notte con una bella donna e non farci nulla». Sono, poi, gli stessi ragazzi ad accorgersi che la loro scuola è claudicante, che non mette a disposizione tutti gli attrezzi necessari per l'insegnamento e l'apprendimento. Una mattina Lucia si è presentata in classe con una lettera indirizzata al dirigente in merito alla Lim non connessa: «La scuola ha bisogno di materiale che funzioni per le nostre esigenze. La lavagna elettronica, invece, non funziona. Nonostante i continui lamenti, non la riparano, cosí non possiamo usarla. La scuola ne avrebbe bisogno, per il bene degli alunni». Dopo un po' di tempo, è arrivato un tecnico che ha escogitato una soluzione che stento a scrivere. Nessuno crederà alle mie parole: secondo lui, la connessione wireless poteva funzionare, a patto che si tenessero aperte le porte dell'aula d'informatica e della classe.

Il fatto è che con la tecnologia si possono insegnare geografia, storia, scienze, matematica. Quando sei in una scuola di campagna e, durante la lezione di musica, parli dell'orchestra, vorresti far ascoltare ai tuoi ragazzi gli strumenti, ma non puoi uscire e andare in un teatro; ti devi accontentare di YouTube. Se il sito di condivisione e visualizzazione video non funziona perché la connessione è lenta, non hai nemmeno una possibilità del genere.

A quel punto non ti resta che distribuire le fotocopie di una pagina di libro che mostra gli strumenti, sempre che la macchina funzioni e ci siano i fogli. Sono le cosiddette «schede». I bambini non le sopportano piú: hanno la nausea quando gli insegnanti distribuiscono la famosa fotocopia da compilare, colorare e disegnare. Una strategia che ha funzionato per decenni e che aveva un significato quando i personal computer non c'erano ancora. Ai genitori piace vedere il quaderno pieno di schede, è il segno concreto che il maestro lavora. Gli insegnanti amano somministrarle: almeno per venti minuti i bambini stanno zitti. Ma loro, i piccoli, le odiano. Quando raccolgo qualche confidenza tra i miei alunni, il tormentone della scheda torna sempre: «Oggi la maestra ne ha date un sacco. Che storia!» Se in ogni classe vi fosse una Lim o un iPad, forse si avvierebbe una rivoluzione didattica: il tramonto della scheda.

Comunque, per far ascoltare il timbro dei diversi strumenti ai miei alunni, mi sono scaricato sul mio iPad, a mie spese, Garage Band, un'applicazione che permette di sentire i suoni dei violini, delle viole, della batteria, dei piatti, della chitarra classica. In ogni caso, spesso durante le lezioni, sapendo della preziosa presenza del mio iPad, i ragazzi mi suggeriscono: «Maestro, guarda su Google». Fosse facile, senza Adsl: mentre digito sul motore di ricerca, ho il tempo di iniziare la lezione, prendere un caffè, leggere il quotidiano con i ragazzi, rispondere a qualche strano interrogativo. La scuola, invece, dovrebbe essere il luogo dove poter apprendere, naturalmente, con strumenti che si usano ogni giorno a casa.

Per svolgere le attività scolastiche non si usano mai l'email e la chat, ma non si caricano nemmeno i lavori dei bimbi sul sito della scuola. Prendo come esempio il portale dell'istituto dove lavoro: ci sono l'organigramma, il piano dell'offerta formativa, l'organizzazione, gli orari di apertura, quelli dei colloqui con i genitori. Ma non un lavoro dei bambini. Eppure sarebbe cosí bello se ogni polo avesse una sua «piazza virtuale» dove i ragazzi possono digitalizzare i loro progetti, i loro temi, i loro disegni. Quelli di terza potrebbero vedere cosa fanno quelli di quinta, i piú piccoli potrebbero imparare dai piú grandi. Una sorta di forum permetterebbe loro di comunicare anche al di fuori degli orari scolastici. Si potrebbero sondare le opinioni dei bambini per capire ciò che non va della scuola.

Ma questa, per ora, è fantascienza!

Dovremmo cambiare modo di insegnare: a una generazione 2.0 serve una didattica 2.0. L'immagine della scuola primaria è ancora quella dei ragazzi con la cartella piena di libri che si trascinano sullo scuolabus giallo. Siamo lontani dal sostituire i testi con un personal computer o un tablet. Nelle aule c'è ancora la lavagna d'ardesia con i gessi. Quella multimediale rimane comunque una rarità. Eppure i ragazzi sono profetici e, durante qualche discussione attorno al quotidiano, mi hanno detto: «Maestro, ma nel 2050 le classi saranno ancora cosí? Chissà, magari con il teletrasporto i bambini del futuro andranno a vedere i posti che studieranno».

Intanto, la regione Toscana ha finanziato la sede aretina dell'Università di Siena, insieme all'Università di Pisa e alla Scuola superiore Sant'Anna, per un progetto innovativo di ricerca dal titolo *Social network e nuovi apprendimenti*, che intende sperimentare le potenzialità educative e formative di Facebook o LinkedIn in ambito scolastico e lavorativo. L'informatica ci mette a disposizione molti strumenti che possono essere utili all'attività dell'insegnante. Basti pensare a Google doc, che permette la condivisione di documenti, o a Dropbox, con il quale è possibile scaricare file di grandi dimensioni. Skype, invece, è uno strumento essenziale che permette di fare videoconferenze. Penso al caso di un bambino della mia scuola affetto da una grave malattia: quando non può venire in classe, segue le lezioni attraverso la webcam e la lavagna multimediale che c'è nella sua sezione.

Se fino a dieci anni fa per una ricerca di gruppo si consultavano l'enciclopedia e i giornali, oggi, in una scuola digitale, il percorso per fare un lavoro del genere è diverso. Proviamo a immaginarlo. Gli studenti possono cercare le informazioni da casa, dal proprio personal computer. Possono inviare documenti, immagini, file audio. Possono svolgere il lavoro condividendo il documento della ricerca con Google e, se necessario, confrontarsi o avere qualche consiglio dall'insegnante via Skype o via email. Se poi ci si vuole incontrare comunque in biblioteca, basta usare Doodle, un programma internet per fissare appuntamenti, e decidere quando vedersi. Anche i social network e gli strumenti digitali, insomma, possono essere usati con profitto a scuola.

Con Luca, che ha nove anni ed è appassionato di politica, faccio lunghe conversazioni via chat su Facebook: «Maestro, hai visto la conferenza stampa di Bersani? Che ne dici, ti convince?» Luca non vota, ovviamente. Ma, al di là delle ore in classe, continua ad apprendere grazie alla chat. Provo a spiegarlo a qualche collega: «Facebook ha un aspetto social e uno tecnologico. Imparare tramite i social significa divertirsi. Si viene a creare una sorta di ambiente rilassato, in cui i ragazzi si sentono a proprio agio».

Mostro loro Edmodo, un social media con funzionalità pensate esclusivamente per la didattica. Il docente può ricordare allo studente il materiale da consegnare, e il programma permette la collaborazione tra una o piú classi o l'accesso a gruppi di lavoro di diverse classi. È persino possibile creare verifiche. Ai miei ragazzi ho spiegato che esiste YouTube Schools, particolarmente usato in America, con il quale si può accedere a migliaia di video didattici di alta qualità. I documenti sono realizzati da famose organizzazioni scientifiche: gli insegnanti possono vedere qualsiasi video, mentre gli studenti hanno accesso solo a quelli aggiunti dalla scuola.

Stavolta a guardarmi perplessi sono i miei bambini di quinta: «Maestro, qui non abbiamo nemmeno uno scanner, una stampante e una webcam per classe». Mi accorgo di aver sognato a occhi aperti. Ritorno con i piedi per terra, nel paese dove il ministro della Pubblica istruzione ha annunciato, nella conferenza stampa tenutasi in occasione dell'inaugurazione dell'anno scolastico, l'arrivo del registro digitale e dell'iPad negli istituti di alcune regioni del Sud senza fare i conti con i dati del decimo rapporto di Cittadinanzattiva su *Sicurezza, qualità e comfort degli edifici scolastici*, secondo cui un terzo degli istituti sarebbe privo della piú semplice aula d'informatica.

L'iPad senza i collegamenti wireless a banda larga, senza un'adeguata formazione del personale docente, rischia di restare una suppellettile. Ecco perché sarebbe corretto pensare, in questa fase di transizione del pianeta scuola in cui convivono diverse generazioni di insegnanti, di affiancare al maestro tradizionale un docente che conosce davvero le tecnologie digitali.

Non basta saper mettere mano a un pc. Chi insegna è chiamato a educare. Un maestro che è in grado di accedere a internet, che ha un profilo Facebook, che sa chattare, telefonare con Skype e inviare tweet non basta. L'insegnante ha bisogno di un'adeguata formazione perché sappia orientare i ragazzi a un uso responsabile degli strumenti che internet ci concede. Bisogna parlare di una pedagogia della rete, essenziale per affiancare gli allievi nelle ore di educazione alla tecnologia.

La scuola primaria ha il compito di insegnare ai cittadini di domani a usare quella tastiera perché possa essere utile nella vita. Anche se hanno solo otto anni, cerco di insegnare loro come usare la barra degli strumenti, evidenziare un testo, scrivere in corsivo, fare un elenco puntato o numerato. Impariamo ad allineare a destra e a sinistra, a formattare simulando la stesura di una lettera al dirigente o al sindaco. A loro sembra di essere «grandi», si ritrovano a scrivere proprio come mamma e papà. E cosí la scuola diventa utile per tutti: anche il ragazzino in difficoltà impara ciò che potrà servirgli quando dovrà fare una lettera alla stampa per denunciare un'ingiustizia o una missiva al primo cittadino per segnalare una buca davanti a casa. «Maestro, ma noi possiamo davvero scrivere al preside?», mi chiede Lorena. A loro, abituati come sono a una scuola che non guarda oltre le mura della classe e il programma didattico, non sembra vero fare un esercizio da grandi.

L'introduzione nelle scuole delle Tic (Tecnologie dell'informazione e della comunicazione) incide sui comportamenti degli utenti. Cambiano i mezzi con cui si accede ai contenuti scolastici, poiché gli studenti sempre piú spesso portano a lezione i propri smartphone, tablet e laptop. Oggi, le scuole non possono piú fare a meno della connettività di rete per la gestione dei contenuti: una rivoluzione che manderà in cantina i vecchi banchi di legno. Con il cambiamento in atto anche il docente si trasformerà: da «saggio sul palco» diventerà «guida al fianco dello studente». In altre parole, la lezione della «maestra dalla penna rossa» sarà smontata. Siamo al tramonto della stagione dell'esercito di maestri che preparano ogni notte la lezione per il giorno dopo, dimenticando che quel momento va costruito con i bambini. Quando entri in classe, devi metterti in gioco, la didattica 2.0 è essenziale.

Mi viene in mente la volta in cui avevo pensato a una lezione su Vinicio Capossela. Quella mattina Marcus mi spiazzò portandomi in classe un cd del rapper Fabri Fibra. In quel momento mi sono chiesto: «E io che ne so di Fabri Fibra?» Avevo due possibilità: lasciar perdere e continuare la mia bella lezione su Capossela, o approfittare dell'interesse di Marcus e della classe per scoprire il rap. Grazie all'iPad ho immediatamente aperto, per me e per i ragazzi, una finestra su quello stile di musica e di vita nato negli Stati Uniti d'America. Siamo andati a vedere i testi di Fibra, li abbiamo analizzati, e anche il maestro ha imparato.

Faccio fatica a pensare che qualche collega desideroso di andare in pensione cambi il proprio metodo di lavoro. In ogni caso, l'idea che gli studenti debbano svolgere un compito specifico in un momento preciso è una modalità di lavoro che si fonda sui bisogni della società industriale. L'apprendimento basato su progetti diversi è piú allineato con lo scenario attuale della società dell'informazione. Leggere, scrivere e fare calcoli aritmetici rimarrà comunque importante. Ma in un mondo in cui è possibile accedere a informazioni, testi e contenuti audio e video ovunque e in qualsiasi momento, agli studenti sono richieste competenze sempre nuove, che la scuola ha il dovere di formare.

Quando insegno geografia in quinta, diventiamo *multitasking*: usare l'iPad, la lavagna multimediale, YouTube suscita interesse. Spiegare il Veneto significa parlare anche del Vajont. Non è facile zittire diciannove ragazzi che avrebbero voglia di dire sempre la loro, di fare qualcosa. Quando ho mostrato, grazie alla Lim, il volto di Marco Paolini che spiega il disastro e le immagini della diga, la mia squadra di scalmanati è rimasta in silenzio. Ho cercato poi la fiaba del Vajont, mentre uno di loro trovava sul mio iPad il numero delle vittime. Le parole scritte dai bambini delle scuole di Longarone, le abbiamo lette insieme. Una cosa simile è successa per il Friuli Venezia Giulia: sul libro non si parla della risiera di San Sabba. Basta un clic e siamo a Trieste. Ecco il campo di concentramento. Ma mai dare nulla per scontato. Chi insegna impara con gli anni che nessuno è un tuttologo e che, per rispondere ad alcune domande in maniera seria, un'immagine, un video, un racconto possono essere indispensabili.

«Maestro, chi erano i partigiani?» Ho risposto ad Alessandro cercando su YouTube il film *L'uomo che verrà* di Giorgio Diritti, che racconta gli eventi antecedenti la strage di Marzabotto attraverso gli occhi di una bambina di otto anni. A dire il vero, il mio è sempre un *multitasking* tra reale e tecnologia, perché ai miei ragazzi amo raccontare ciò che ho visto con i miei occhi, portando in classe le «testimonianze» che raccolgo nei miei viaggi, unica e inesauribile fonte di formazione e aggiornamento. Cosí per spiegare chi erano i partigiani, ho mostrato il fazzoletto della brigata Stella Rossa. Gli occhi dei miei ragazzi erano quasi lucidi. «Maestro, questa è una storia bella ma triste», ha affermato Laura con aria mesta. Un tocco alla lavagna multimediale ed ecco che l'atmosfera cambia. Li riporto in Friuli, a gustare «virtualmente» il prosciutto San Daniele, i krapfen e lo strudel, riuscendo cosí a spiegare l'influenza dei paesi confinanti sulla regione.

Accanto a questa rivoluzione, dovremo allo stesso tempo vigilare sulle conseguenze dell'uso del personal computer e sull'azzeramento delle abilità di scrittura. I miei allievi hanno ridotto al lumicino la capacità di essere precisi. Scrivono abbreviando le parole, saltando articoli, preposizioni, vocali, consonanti. Inevitabili le conseguenze sui quaderni d'italiano. Ancor piú sottile è l'effetto che questo atteggiamento ha sul cervello di chi si abitua a ragionare senza precisione, facendo a meno di specificare. Provate a fare copiare un testo ad alcuni ragazzi: riescono a trascriverlo in maniera errata, perché la loro testa non vede ciò che è scritto sulla lavagna d'ardesia ma ciò che sta sullo schermo immaginario della loro testa.

Per vedere una classe generazionale di docenti che sa usare i social media, internet, Skype, oltre che insegnare con la didattica 2.0, forse dovremo aspettare i maestri del 2030. Gli insegnanti del futuro saranno quei bambini che già oggi, nei primissimi anni di vita, usano i videogiochi. Siamo passati dall'*homo ludens* all'*homo videns*, quello dello schermo.

Mi sono accorto di questo radicale cambiamento sulla tratta Pechino-Shanghai. Accanto alla mia poltrona, sul treno veloce che collega le due metropoli cinesi, c'era un'allegra famigliola con un bambino di due o tre anni. Il piccolo maneggiava con destrezza un iPad, facendo lo stesso gioco che facevo io nell'infanzia: incastrava forme di legno negli spazi appositi. Il cerchio nel cerchio, il triangolo nel triangolo, e cosí via. La differenza tra me e lui è una: la mia generazione faceva tutto ciò manipolando, toccando. Lui interagiva con uno schermo.

L'*homo videns* «cracca» i giochi. Eccolo il termine piú usato dai figli della rete, dall'inglese *to crack*, ovvero «rompere» le protezioni di un programma in modo da poterlo usare senza licenze, in modo illegale. Il verbo non esiste sul dizionario, non c'era nemmeno su Wikipedia fino al 2009, ma è sulla bocca dei ragazzini, che sono veri e propri esperti in materia. Con o senza *cracking*, in Italia si gioca molto in rete, tant'è che le attività online piú diffuse tra i bambini, oltre ai social network, risultano essere: guardare filmati su YouTube, giocare con i videogiochi, cercare informazioni, scaricare musica.

Per quanto riguarda la scelta, emerge una propensione verso i videogiochi d'avventura. A seguire quelli sportivi, di guerra, sparatutto e di strategia. Contrariamente a quanto ci si potrebbe aspettare alla luce di numerosi studi, articoli e ricerche, secondo cui la violenza giovanile sarebbe incoraggiata dall'utilizzo dei videogiochi di guerra e sparatutto, questi ultimi sono utilizzati meno di quelli di avventura.

Tra i giochi, rappresentano un'insidia le esperienze semiludiche come Second Life o FarmVille, mondi online ad ambientazione reale. Sono veri e propri luoghi virtuali che si trasformano in piazze di incontro, dove l'obiettivo non è vincere o sconfiggere qualcuno ma vivere.

La generazione Duemila sembra essersi fatta catturare da questa esistenza virtuale. A loro piace comportarsi da grandi sullo schermo, comprare oggetti, usare soldi. Anche molti giochi che si scaricano sull'iPad sono basati su una dinamica simile. Con Fifa 2013 si ha addirittura la possibilità di fare una sorta di calciomercato. Il rischio, in questi casi, è alto: i bambini si sentono cittadini virtuali e magari dimenticano di andare a tirare due calci al pallone nel giardino del quartiere, di suonare i campanelli delle case per poi scappare (come abbiamo fatto tutti), o di giocare a palle di neve. A Roma, al Policlinico Gemelli, è stato aperto un ambulatorio per la cura delle patologie legate alla dipendenza da internet: quasi quattro pazienti su cinque hanno un'età compresa tra gli undici e i ventitre anni.

I ragazzi non possono diventare schiavi del virtuale, ma devono poter correre, sporcarsi, farsi male, litigare, saltare. Accanto alla mia scuola c'è un parco dedicato a Giuseppe Di Matteo e ai bambini vittime della mafia: sono pochi i ragazzini di nove o dieci anni che si fermano a giocare. È da troppi anni che non vedo una palla da calcio attraversare all'improvviso la strada mentre vado in auto. E forse non ne vedrò piú.

Educazione all'affettività

Quinta elementare, parliamo della Lombardia. «Il fiume piú importante d'Italia, che attraversa proprio la Pianura Padana dove noi abitiamo, è il Po. Sono molti gli affluenti di questo corso d'acqua....» Giulia e Mara sembrano non aver voglia di ascoltarmi. Hanno la testa tra le nuvole, sono interessate ad altro. Parlano a bassa voce tra loro, ridacchiano. Chissà che avranno. Proseguo cercando di non dare troppa attenzione ai loro sorrisetti. «Il capoluogo della regione è Milano, capitale della moda. Città che un tempo, con Torino e Genova, formava il triangolo industriale».

Non c'è verso di attirare la loro attenzione. A un certo punto mi cade l'occhio sotto il banco di Mara. Cosa sarà mai quella rivista che le affascina tanto? Decido di andare a vedere. In copertina un titolo decisamente accattivante per una preadolescente: «Lui si è accorto di te?» Gli altri richiami in prima pagina, accanto alla foto di una giovanissima modella con camicia, jeans e sciarpa all'ultima moda, sono ancora piú ammiccanti: «Amo un raga + grande. Astro beauty: scopri il tuo punto di forza. Sex & Girl: tutti i dubbi sul petting».

Mi domando chi avrà comprato questa interessante rivista a Mara. Me la faccio dare. In quel momento capisco che la storia dei bambini che arrivano con la cicogna, raccontata alla mia generazione, è desueta, inutile. A spiegare «tutto» a Giulia, a Mara e alle altre loro compagne di classe, ci pensa un pezzo dal titolo: *Quelle carezze chiamate petting*.

Ecco ciò che le mie alunne volevano sapere. Ed ecco perché la Lombardia non le interessa tanto. Provo a guardare anch'io i responsi della rivista per capire:

> Il petting è accarezzarsi a vicenda per provare piacere: è un modo bello e coinvolgente per comunicare all'altro affetto e amore, per rassicurarlo e donargli qualcosa di proprio.

Per l'appunto: affetto e amore. Ma che cos'è l'amore per un bambino di nove o dieci anni? A un concerto a Venezia, Vinicio Capossela, a uno spettatore che urlava «Vinicio, Vinicio, che cos'è l'amor?», per invitarlo a suonare l'omonimo pezzo, ha risposto dal palco: «Lo sapessi...»

Gli adulti si smarriscono nella conoscenza dell'amore, ma i bambini sono nella fase della scoperta. L'amore in classe è un'alchimia fatta di sguardi, scherzi, fidanzamenti che durano un giorno, immaginazioni. I bambini, già solo a pronunciare la parola, si agitano. Una ragazzina mi ha persino detto: «Se esci in corridoio, ti dico cos'è per me. Non qui in classe». Chissà quale segreto avrebbe voluto confidarmi al riparo degli sguardi dei compagni.

A dieci anni i bimbi sognano un matrimonio con la certezza che non finirà, desiderano una famiglia con tanti figli, vagheggiano un principe azzurro o una principessa rosa che non arriveranno mai. L'amore, per loro, si vela di romanticismo e si ammanta di cuoricini con la freccia di Cupido, disegnati sulla lavagna con il gesso bianco o sul diario con il pennarello rosso. Provate a guardare, dove c'è ancora, la parte inferiore dei banchi, in legno: troverete incisioni di cuori che resteranno nella storia come quelle rupestri dei Camuni.

In ogni caso, a svelare i primi segreti sul sesso sono proprio i giornali per ragazzi: «Si può rimanere incinta facendo petting? Si può perdere la verginità?» I figli della generazione Duemila potranno far finta di pensare ancora che Santa Lucia e Babbo Natale esistono, ma alla storia dei bambini sotto il cavolo non credono proprio piú.

Il misterioso mondo del pancione affascina da sempre ogni

individuo e suscita interrogativi a qualsiasi età. In fondo, anche noi grandi di fronte a una donna in gravidanza abbiamo atteggiamenti di stupore, facciamo domande a volte sciocche. Ci mettiamo ad accarezzare quel ventre quasi volessimo capire qualcosa in piú sul miracolo che gli esseri viventi sono in grado di compiere.

Anche a sei, sette e otto anni, quando la parola sesso non ha fatto ancora capolino nella vita, qualcuno chiede: «Come nascono i bambini?» Ho sentito risposte del tipo: «Basta volersi bene». Ed ecco subito smontata la certezza della maestra: «Allora se io voglio bene a Lucia, a Mara e a Luigi, posso fare un bambino?» Ora, non si pensi che i bambini si vogliano tutti cosí bene. La classe è come una città in piccolo: lí nascono invidie, gelosie, sentimenti di ripicca, proprio come capita a noi grandi. I bimbi non vengono da un altro pianeta: sono solo meno contaminati rispetto a noi.

Già nei primi anni della scuola primaria c'è chi vorrebbe togliere di mezzo un compagno. Qualcuno ci prova facendo gesti simbolici. Anna, di otto anni, avuta la possibilità di prendere in mano la matita di Enrico, l'ha spezzata in due senza motivo. Ho provato a farla ragionare, ma è stato inutile: «Mamma mia, che storie per una matita», mi ha risposto. A dieci anni c'è chi è gelosa di un'occhiata in piú del principe azzurro di turno. «Lei sta sempre con Michele. E quando sono insieme, mi escludono», commenta Patrizia. Scene di vita quotidiana dove il voler bene è messo in crisi. Piú volte davanti alla classica giustificazione: «Lui mi ha detto... Lui mi ha fatto...», ho replicato con un lapidario: «Sai, non si può essere simpatici a tutti». Parole che possono apparire sconcertanti ma che, lo assicuro, servono a educare al realismo.

A dieci anni, in ogni caso, si è nel pieno della curiosità. E anche se quando si parla di affetto e di sessualità qualcuno arrossisce, la generazione Duemila non si imbarazza piú di tanto. Se a scuola arriva una ragazzina del liceo a fare uno stage, qualche maschietto sbianca in volto. Scattano i primi amori, il corpo cambia. Non è facile, soprattutto se sei un maestro maschio, scoprire cosa frulla nella testa di una bambina di quinta elementare. Anche i maschi sono riservati. Parlano poco di sesso persino tra loro. E per convincere una delle mie classi ad affidare le loro curiosità in materia ad alcuni bigliettini anonimi, è stato necessario l'intervento di una persona esterna, la psicologa.

L'urna era ben sigillata. Ogni bambino ha introdotto un foglietto nel contenitore al riparo dagli occhi indiscreti dei compagni e degli insegnanti. Sembrava che non molti fossero interessati a quella scatola. E invece, dopo pochi giorni, ho trovato decine di messaggi. Un campionario che andava da «A che età viene il ciclo? Se ho il ciclo, lo dico a qualche insegnante?» a «Perché le parti intime dei maschi e delle femmine sono quasi uguali?» C'era chi voleva entrare piú nello specifico dell'anatomia chiedendo: «Perché sono pelose?» Non è mancato qualcuno che, per soddisfare la propria curiosità, ha usato la strategia della contestualizzazione storica: «Come facevano nella preistoria a conoscere il sesso? Come hanno scoperto che la specie umana si riproduceva in modo sessuale?» Immancabili le idee strane e le domande strampalate: «Perché un dottore, quando ero in pancia, mi ha confusa con un maschio?»

Quanto ai maschi, deve essere davvero complicato per loro avere a che fare con la nudità. Lo capisco da un biglietto senza interrogativo, ma pieno di puntini di sospensione: «Quando a calcio... ci mettiamo nudi... sotto la doccia...» Infine un quesito interessante, quasi filosofico: «È vero che l'imbarazzo è come la vergogna?» Curiosità per un sentimento che non sembra piú appartenere a questa generazione.

I bambini del XXI secolo, infatti, non sanno piú vergognarsi. E non parlo solo di sesso. Esemplare la volta in cui Mauro, durante il trasferimento da una classe all'altra, ha trovato alcune figurine sul banco e se le è messe in tasca. Tempo un'ora e la compagna di terza elementare ha bussato: «Qualcuno mi ha preso le figurine dei Cucciolotti!» Li ho guardati in faccia a uno a uno, senza dire una parola. Mauro si è alzato in piedi e ha riconsegnato il malloppo. Nessuna vergogna, nessun desiderio di «sparire». Solo un po' di fastidio per essere stato beccato con le mani nella marmellata.

Figuriamoci con il sesso. Oggi è tutto già visto, scontato, pronto da consumare. Il rapporto degli adolescenti con il mondo dell'eros ha subito significativi cambiamenti nel giro di pochi anni. Fino a qualche tempo fa, poco piú di un giovane su due sperimentava per la prima volta la sessualità di coppia in età adolescenziale. Oggi questo valore è incrementato notevolmente. Maschi e femmine ricorrono al web per fare sesso, vedere sesso, sapere tutto sul sesso. Se una volta c'erano le riviste, oggi il web offre centinaia di siti dove i ragazzi trovano quello che vogliono con pochi clic.

Una mattina, a proposito, durante una visita alla scuola media con la mia quinta, arrivato nel laboratorio d'informatica, ho notato che, nell'angolo dell'aula, due ragazzini erano intenti a sghignazzare tra loro, alla faccia della professoressa dai capelli bianchi. Mi sono avvicinato in un momento in cui erano talmente catturati dallo schermo da non accorgersi della mia presenza. Erano riusciti, nonostante i filtri presenti nei pc dell'istituto, a entrare in un sito che mostrava donne senza veli.

Ma i preadolescenti e gli adolescenti non si fermano qui. Hanno a che fare con il cybersesso, il sesso 2.0. Hanno la possibilità di entrare in relazione in videochat, di spogliarsi in cam, non solo di restare a guardare. Tra i ragazzi sembra normale fare almeno una volta un'esperienza di questo tipo. La sorella quattordicenne di un'amica cattolica e di buona famiglia mi spiega: «Su chatroulette è pieno di pervertiti. Soprattutto italiani, che si filmano continuamente parti intime oppure chiedono a te di mostrarle. Lo usano soprattutto le mie amiche che vivono in Valtellina». Ecco la triste rappresentazione delle relazioni deviate che si instaurano tra i ragazzi della generazione del XXI secolo.

Pensando ai miei alunni, credo di poter rintracciare la radice del malessere nell'incapacità di gestire la libertà. A scuola non s'insegna a essere liberi. I miei alunni non sanno stare da soli, senza ascoltare qualcuno, senza fare un compito che l'insegnante ha affidato, senza vedere un film. Non sono in grado di gestire il tempo libero, tant'è che in classe bisogna intervenire ogni volta per ristabilire un'atmosfera serena. Difficilmente ritiro il diario per dare una nota. Mi è capitato di chiedere a qualcuno di scriverci che cosa pensava del proprio comportamento o della libertà. Luca lo ha messo nero su bianco: «La libertà, secondo me, è bella perché si fa quello che si vuole. Cosa che non si potrebbe fare nella vita. A me piace, perché è una cosa che ho sempre desiderato: giocare, correre e non fare i compiti».

In queste poche righe trovo la risposta alla gestione della libertà, sessuale e affettiva. Tutto diventa possibile se libertà è semplicemente sinonimo di piacere, desiderio, assenza di responsabilità. Ma in classe provo a invertire il discorso «insegnando la libertà» a partire dalle piccole richieste come: «Posso andare a fare la pipí?» Il primo giorno di scuola spiego ai piú grandicelli che durante le mie lezioni non serve alzare la mano per chiedere di andare in bagno. Perché quando usciranno dal mondo della scuola ed entreranno in quello del lavoro, non dovranno domandare a nessuno il permesso di fare pipí. I bambini imparano a gestire da soli la propria libertà, a partire da queste piccole cose. E la scuola deve essere, fin dalle elementari, una palestra di vita dove esercitare i valori che saranno l'abc della personalità.

A volte mi pare di essere incompreso. Alle prime lezioni sembro un maestro folle, ma con il passare del tempo i bambini capiscono. Un giorno ho notato che Oscar scriveva un elenco con i soprannomi per ogni compagno e per gli insegnanti: «Luigi: Ballotto. Matteo: Uregia Storta. Maestra Monica: la maestra con i capelli da vulcano. Maestra Giovanna: la maestra arzilla». Arrivato al mio nome aveva scritto: «Maestro Alex: il maestro di libertà».

Abbiamo a che fare con una generazione che vive la propria sessualità attraverso le tecnologie, arrivando spesso con modalità e tempi discutibili a scoprire l'erotismo. Lo sa bene chi insegna. Mai mi era capitato di vedere in un tema riferimenti sessuali espliciti, con tanto di parole specifiche e onomatopee.

Manuel, di dieci anni, ha voluto scrivere, per un compito, di una giovane maestra che, messa sotto ricatto dagli alunni, era costretta a spogliarsi, rimanendo in mutandine e reggiseno in mezzo al giardino. Un tema con tanto di disegno dell'insegnante in biancheria intima. Parole che dovrebbero rappresentare un avvertimento per i genitori e per gli insegnanti.

Sembra svanito il senso del pudore. Guardate come si vestono o si truccano già a dieci o undici anni. Ci sono ragazzine che si atteggiano a donne: arrivano a scuola vestite come se dovessero andare a una sfilata di moda. Sono alla ricerca di attenzioni, di riflettori. Vogliono sentirsi «piccole dive». Provocazioni. O forse il disperato campanello d'allarme di ragazzi che sono sempre piú soli.

A causa del pc, è come se l'altro avesse sempre meno valore. Spesso è solo un'entità dietro lo schermo, un volto. Nascono relazioni senza nemmeno il contatto della voce. Non si abbraccia piú un amico, non si litiga su un campo da calcio, magari arrivando alle parolacce. Lo si fa via chat. In questo contesto la classe rappresenta ancora l'unico luogo reale, con tutti i suoi limiti, dove sperimentare l'invidia, la gelosia, l'affetto, il dolore, la reciprocità. In aula si impara a smussare la ricerca di attenzione, a non considerare solo il proprio banco, a comprendere cosa significa stare insieme. In classe si apprende a spogliarsi dei panni dell'individualismo.

Devo ammettere che non è facile. La mia generazione era molto piú solidale: si copiava, ci si passavano i compiti. Ho dovuto insegnare ai bambini a copiare non tanto per fomentare lo spirito d'illegalità, ma perché mi sono trovato di fronte a piccole pesti che pensavano solo a prendere dieci nella verifica, senza interessarsi del compagno, anche se era il migliore amico.

L'aula, inoltre, resta il luogo in cui vivere l'esperienza dell'assenza dell'altro. Via chat basta spegnere o accendere un computer, bloccare un amico, cancellarlo. Chi fa il maestro avrà visto come i bambini reagiscono alla notizia di un compagno che si ammala gravemente e lascia la scuola. Non si elimina come accade online: ho visto fare cartelloni, lettere, portare regali.

La fisicità, il contatto, l'abbraccio, lo stare gomito a gomito sono le uniche esperienze indelebili della vita, a ogni età. Oggi il corpo dei nostri ragazzini si è sdoppiato: entra in relazione con gli altri attraverso la sua appendice, il computer; ma il reale, ovviamente, continua a essere necessario. Basta pensare a un viaggio. I ragazzi possono anche sapere tutto sull'India, scriversi via Facebook con un amico indiano. Ma cosí non potranno mai sentire gli odori, i rumori, gustare il cibo speziato, respirare l'aria umida di Calcutta. Ecco perché insegno ai miei ragazzi a viaggiare. Il social network non è un sostituto della vita. Per la conoscenza del mondo, come per la sessualità, non basta internet: servono viaggi fisici accanto a quelli virtuali.

Anche il modo di esprimere l'affettività è cambiato. Gli approcci sembrano meno inibiti, le distanze si sono accorciate. Ancora una volta è internet il protagonista.

Fino a dieci anni fa, in classe giravano, da un banco all'altro, da una mano all'altra, romantici bigliettini. Alle elementari capitava di sequestrare «pizzini d'amore» su cui era scritto: «Mi piaci. E io? Sí o no?» Il destinatario doveva segnare con una x la casellina. Alle medie la letteratura amorosa poteva contare su messaggi piú articolati: «Oggi pomeriggio sei libera?» Oppure: «Ho perso la testa per te. E tu?»

Nel Duemila ci pensa Facebook a fare da Cupido: «Quando ti piace una ragazza, ci si prova in chat o via sms. Si mandano i cuoricini. E se non sono ricambiati... nulla», mi spiega Riccardo. Le lunghe missive d'amore che la mia generazione ha inviato valgono quanto le lettere che i nostri nonni spedivano a casa alle nonne durante l'anno di leva. Le frasi d'amore e le poesie di Neruda, che noi usavamo per conquistare il primo amore, possono essere riassunte nei pochi caratteri di un post o in un cuoricino. Ci si prende, ci si lascia, si consumano tradimenti e tragedie via sms.

Mi sono trovato spesso a parlare d'amore con i miei ragazzi, soprattutto quelli di quinta. Tra i banchi scattano le prime passioni. Lo noti dagli sguardi che s'incrociano, dai gesti d'attenzione. Sono le scintille dell'amore. Tutti ricordiamo quanto ci batteva forte il cuore quando la compagna di classe di cui eravamo innamorati ci rivolgeva la parola. A volte Matteo sembra andare in estasi per le trecce di Jessica. È la bellezza dell'eros che, come dice il filosofo greco Christos Yannaras in *Variazioni sul «Cantico dei Cantici»*, rappresenta «il confine tra il corporeo e l'incorporeo, luogo dei significati della reciprocità».

Quando li guardo disegnare cuori sul banco, risento proprio l'eco dei versi dello sposo del *Cantico dei Cantici*. Le parole di oggi sono meno auliche, ma l'intenzione è la stessa. Per capirlo, basta leggere una lettera come quella che Sara ha scritto a Oscar, intitolandola *L'amore*:

> Caro Oscar,
>
> sei bellissimo con la tua cresta,
> mi piace molto il tuo comportamento da figo,
> ti trovo un figone e a volte un romanticone,
> di notte ti sogno e penso che sei il mio ragazzo,
> mi fai innamorare sempre di piú ogni giorno che passa.
> Ti amo.
>
> Con affetto, Sara.

Il linguaggio è sicuramente avanguardistico, c'è poca timidezza nelle avance di Sara. Ma restano il sogno e il desiderio, che sono da sempre gli ingredienti dell'amore, fin dalla piú tenera età.

Lo sa bene Alessandro, che in quarta elementare, guardando con tenerezza una compagna, mi ha spiegato: «È bello essere innamorati. Peccato che loro...» Dovrà farne di strada Alessandro per capire che si impara ad amare come si impara a scrivere, a leggere, a studiare. Non si finisce mai d'imparare. Ma una cosa è certa: già a nove o dieci anni i bambini hanno la capacità di intuire che cosa significhi soffrire per amore. Hanno sentito parlare di separazioni, di divorzi. Li vivono in qualche modo anche sulla loro pelle, nei rapporti di amicizia.

Michele, di sette anni, una mattina mi si è presentato in classe in lacrime: «Il mio migliore amico se n'è andato via».

Ho sempre fatto fatica a gestire questi momenti. La tentazione sarebbe stata quella di rispondere: «Vedrai quante volte nella vita le persone piú care ti saluteranno». Ma è stato proprio in quell'istante che ho realizzato quanto la storia di Michele fosse il prototipo della tristezza con la quale dobbiamo confrontarci ogni volta che abbiamo a che fare con gli addii. Il migliore amico di Michele non era andato molto lontano, si era trasferito nel paese vicino. Ma per lui si trattava di una separazione drastica, difficile da reggere.

L'amicizia, a quell'età, è una sorta di vincolo sacro. Uno vorrebbe avere l'amico del cuore come compagno di banco, giocare ore e ore con lui, andarci in vacanza, vederlo felice. Gli insegnanti subiscono pressing allucinanti: «Dài, mi metti vicino a Luigi? Giuro che sto zitto, che sto attento». Allo stesso modo, i genitori hanno a che fare con la litania quotidiana del: «Può venire a casa mia?» Tutt'a un tratto basta un cambio di scuola, basta il passaggio dalle elementari alle medie per dimenticare il compagno e scoprire che nulla ci lega in maniera assoluta a nessuno, nemmeno alla madre. Tant'è che la nostra vita inizia con il taglio del cordone ombelicale: quel minuscolo cratere, quella piccola spirale di carne che ci ritroviamo sulla pancia ci ricorda il momento in cui abbiamo cominciato a respirare con i nostri polmoni.

I bambini iniziano a comprendere il valore ma anche i limiti della parola «amicizia» nel passaggio stretto e necessario tra le elementari e le medie. L'amico del cuore viene sostituito, passa in secondo piano. Anche gli insegnanti abusano della parola «amicizia», chiedendo ai ragazzi di svolgere temi del tipo *Descrivi il tuo migliore amico*, ma dimenticando un ottimo libro come *Il Piccolo Principe*, dove il dialogo con la volpe suscita sempre grandi dibattiti:

> Gli uomini non hanno piú tempo per conoscere nulla. Comprano dai mercanti le cose già fatte. Ma siccome non esistono mercanti di amici, gli uomini non hanno piú amici. Se tu vuoi un amico, addomesticami!

I bambini, proprio come il protagonista di Antoine de Saint-Exupéry, mi chiedono: «Ma che significa addomesticare?»

Penso spesso che nei nostri programmi dovrebbe esserci l'educazione all'affettività. Cosí come l'educazione alla felicità. Me ne convinco discutendo con un'attenta collega delle scuole medie. Mi racconta di un tema scritto da Romina, di dodici anni. Parla del suo rapporto con il fidanzatino albanese, incontrato durante uno dei suoi viaggi di ritorno in patria: «Prima di rientrare in Italia, l'ho lasciato. L'anno prossimo, però, torno ancora in Albania. Appena arrivo, vado subito da lui. Poi ci slinguiamo e ci rimettiamo insieme». Al di là del gergo e della parola «slinguare», resta il fatto che Romina ha ben sintetizzato il rapporto che la generazione Duemila ha con l'affettività. Oggi non è scontato, per i bambini, imparare a esprimere l'affetto o la felicità. Quando chiedi a un ragazzino di nove o dieci anni che cosa significa quel tvb alla fine di ogni sms, lui risponde: «Ti voglio bene», ma senza comprendere davvero le implicazioni di questa frase. Anche perché, molte volte, il riconoscimento dell'altro a scuola si limita a una delle regole di comportamento che la «maestra dalla penna rossa» scrive su un cartellone: «Non si interviene quando il compagno sta parlando».

In ogni caso, l'educazione all'affettività non può essere slegata dall'educazione alla cittadinanza: se voglio bene a un mio amico, devo fare in modo che abbia il banco pulito, che sia accolto dagli altri, che possa godere dei miei stessi diritti e comprare i miei stessi libri. Soprattutto se è un allievo migrante. Cosa che, dobbiamo dirlo con chiarezza, spesso non accade. L'integrazione, infatti, è avvenuta solo sulla carta. L'ho scoperto la volta in cui Kuldeep non è stato invitato a un pigiama party: «Maestro, io non vado alla festa. Non me l'hanno detto». Era stato escluso. I ragazzini sono selettivi. Nei primi anni quasi non si accorgono delle diversità. Ma non appena arrivano alle elementari, capita che un turbante sulla testa di un sikh diventi persino un motivo di presa in giro.

Un mio ex alunno toccava, ogni volta che entrava in classe, il copricapo del compagno indiano dicendogli: «Capa tanta». Ho dovuto lavorare per mesi su di lui per riuscire a evitare la scenetta discriminante. L'integrazione dei ragazzini migranti, che ormai non sono piú rare presenze, deve avvenire attraverso l'educazione all'affettività, che nel nuovo secolo comprende anche l'interculturalità.

Quando in classe, a fine ottobre, ho scoperto da Kajal che era Diwali, la festa delle luci, una delle giornate piú importanti per la comunità sikh, ho pensato che quella poteva essere un'occasione preziosa per insegnare ad amare la cultura indiana, per far comprendere ai bimbi che le vite degli uomini di ogni parte del mondo si basano su cicli di tradizioni e su eventi legati alla memoria.

Kajal è salita in cattedra e ha spiegato agli altri ragazzi: «Durante la festa si accendono le luci sui balconi. In questa giornata ricordiamo il ritorno del re Rama della città di Ayodhya dopo tanti anni di prigionia in una foresta. In quell'occasione il nostro popolo ha acceso file di lampade in suo onore. Da qui il nome *dipawali* o piú semplicemente *diwali*». Da quel giorno Kajal è diventata una specie di «saggia» della classe.

L'affetto, in occasioni simili, non è piú a senso unico. I bambini imparano a concepirlo a trecentosessanta gradi.

Una volta conquistato l'amore, la fase due rimane sempre quella: il bacio. La «filosofia dello smack» include due tipi di bacio: a stampo o alla francese. La prima tipologia è la piú scontata: la maggior parte dei ragazzi, in terza media o in prima superiore al massimo, ha toccato il cielo con un dito sfiorando le labbra tanto desiderate. Le ragazze attendono sempre che sia lui a fare la prima mossa: «Aspetto che mi cerchi. Se conosco la persona che m'interessa, mi comporto normalmente. Poi ci mettiamo d'accordo per vederci, gli scrivo via sms», mi raccontano Giulia, Katia e Maria, di sedici e diciassette anni.

Di baci, comunque, parlano fin da piccoli. Certo, senza fare distinzioni tra baci a stampo o alla francese. Ma non è raro che mi capiti di sentire confidenze del tipo: «Maestro, sai che Sara e Giorgio si sono dati un bacio sulla bocca?» La ricerca delle labbra dell'altro avviene fin dalla scuola primaria. La cosiddetta «fase di latenza», che secondo il fondatore della psicanalisi Sigmund Freud si situava tra i sei e gli undici anni, dev'essersi accorciata nel XXI secolo.

Le ragazze dai dieci ai quattordici anni affidano le loro confidenze e scelgono di approfondire le loro curiosità grazie a riviste come «Big», «Teen», «Pinky» e il mitico «Cioè». Qualche volta capita che persino le bambine di otto anni abbiano già tra le mani riviste del genere e sognino di essere piú grandi. È il caso di «Violetta», il magazine mensile della serie tv di Disney Channel. L'ho scoperto una volta sotto il banco di Martina, una bimba di terza elementare, che mi ha risposto: «A me piace perché vorrei diventare come Violetta. E poi, maestro, guarda che bello Gregorio». Le pagine dedicate alle star attraggono le «piccole donne» che crescono giocando a Barbie e guardando il mondo della tv. Forse dovremmo dedicare qualche minuto delle nostre lezioni a leggere con loro queste riviste, per aiutare a filtrare le immagini edulcorate e patinate.

Invece spesso restiamo vincolati ai programmi e ai testi. Nel libro di scienze della mia quinta, all'apparato riproduttore è dedicata solo una pagina. Trentadue righe di terminologia specifica, dai gameti allo zigote, dalle cellule all'embrione, ma non una riga che esaudisca le curiosità di chi legge le riviste sotto il banco. Non una parola sull'aborto, sulla contraccezione, sulla masturbazione, sulle mestruazioni, sull'orgasmo. Cosí, nelle teste dei bimbi, restano curiosità che i grandi non affrontano con loro.

In classe nessuno dei miei ragazzi è mai venuto a domandarmi esplicitamente: «Maestro, ci fai educazione sessuale?» Tuttavia, una volta Raffaele mi ha chiesto quando avremmo studiato la riproduzione. Il compito di un maestro è proprio quello di cogliere, con sensibilità e serenità, le esigenze espresse o sottointese. Se i nostri alunni mostrano disinteresse o ritrosia, allora è il caso di aprire meglio gli occhi. Un notevole disinteresse può mascherare un grande desiderio di sapere e un timore di chiedere.

I bambini manifestano la propria curiosità scrutando anche i nostri atteggiamenti, i nostri sguardi. Hanno antenne che captano le nostre attenzioni verso l'altro, riportando tutto alla sfera affettiva e sessuale. Ciò che fanno mamma e papà spesso arriva sulla cattedra: «Li ho visti che si baciavano. Si baciano perché si amano».

I piccoli controllano anche gli insegnanti. Quando mi è capitato di avere un rapporto di confidenza con qualche maestra, i primi ad accorgersene non sono stati i colleghi ma i bambini: «Maestro, ma tu sei innamorato della maestra Lara? Perché vi parlate sempre?» E via con i viaggi e le immaginazioni. Già a dieci anni, in realtà, ci chiedono di affrontare le realtà dell'esistenza, di spiegare i perché della vita.

In Francia l'educazione sessuale fa parte dei programmi scolastici fin dal 1973: le scuole devono impartire dalle trenta alle quaranta ore di educazione sessuale e distribuire profilattici agli studenti di terza media e prima superiore. Nel gennaio del 2000 il governo francese ha lanciato una grande campagna sui contraccettivi, con spot pubblicitari su radio e tv, e ha distribuito cinque milioni di opuscoli informativi agli studenti delle superiori.

Anche in Germania l'educazione sessuale fa parte dei programmi scolastici dal 1970. Di solito include tutti gli argomenti riguardanti il processo di maturazione dal punto di vista biologico, psicologico e sociale: i cambiamenti nel corpo, la riproduzione, le emozioni, l'atto sessuale, la vita di coppia, l'omosessualità, le gravidanze non volute, le complicazioni dell'aborto, i danni della violenza sessuale (compresa quella sui minori) e le malattie.

In Svezia l'educazione sessuale fa parte integrante dei programmi scolastici dal 1956. Si comincia a trattare questo argomento fin dalle prime classi delle elementari all'interno di materie disparate, tra cui biologia e storia. Quanto alla Finlandia, la Population and Family Welfare Federation distribuisce a tutti i quindicenni un kit introduttivo di educazione sessuale, che include un opuscolo, un profilattico e il video di una storia d'amore in cartoni animati.

Provate a immaginare per un attimo se un giorno entrassi in una classe quinta della mia scuola di campagna con una scatola di preservativi e iniziassi a spiegare loro perché si usano e come si adoperano. Non solo. Pensate se, finito di illustrare la magia dell'inizio di una nuova vita, dovessi cominciare a parlare della pillola del giorno dopo, dell'aborto e della difficoltà che una donna può provare in un momento simile. L'indomani mattina, probabilmente, mi ritroverei un esercito di mamme insieme al parroco del paese. O forse andrebbero direttamente dal dirigente della scuola o dal provveditore dell'ufficio scolastico provinciale che, con buona probabilità, mi richiamerebbero all'ordine.

Sí, perché parlare di educazione sessuale nella scuola italiana resta un tabú. Eugenia Roccella, sottosegretario alla Salute nel governo Berlusconi, qualche anno fa sul «Corriere della Sera» ha risposto a chi le chiedeva se non fosse il caso di avere una normativa unica sul tema: «L'educazione sessuale non può essere materia di studio, va fatta in famiglia». Una tesi in contrasto con il pensiero della generazione Duemila.

Ho incontrato, per parlare di giornalismo e di educazione alla legalità, studenti delle scuole superiori. Ho fatto viaggi d'istruzione con loro. Dall'istituto professionale al liceo artistico, le domande erano sempre le stesse: «Ma perché a scuola non facciamo educazione sessuale? Forse i prof si vergognerebbero?» Da docente, vorrei aprire il libro di scienze di quinta alla pagina che tratta dell'apparato riproduttore, e non trovare solo il disegnino dei genitali, ma anche l'immagine di una scatola di preservativi o di una pillola anticoncezionale.

A scuola, comunque, non si parla nemmeno della bellezza. L'ho capito quando per qualche settimana ho portato in borsa un giornale dedicato al vino e alle vigne. In copertina c'era una splendida ragazza, leggermente discinta, che pigiava a piedi nudi l'uva nel tino. Non appena i bimbi hanno scoperto la rivista, i sorrisetti non sono mancati. Eppure non eravamo di fronte a un richiamo pornografico. Eravamo davanti a un bel corpo. Il nostro compito è anche insegnare ad amare il bello in tutte le sue forme, che si tratti del nudo di un uomo o di una donna, delle rughe di un vecchio, della vastità del mare.

Questa singolare materia, che ha molto a che fare con l'educazione all'affettività, la chiamerei educazione alla bellezza.

Come non affrontare il tema dell'omosessualità già alla scuola primaria? Alt! Forse ho sbagliato, ho scritto primaria. Non sia mai. Non ho mai sentito un collega delle elementari parlare di omosessualità. Non ho mai nemmeno visto la parola «omosessuale» sul libro di scienze o su quello di storia. «Maestro, i nostri bambini non sanno chi sono i gay. Lei faccia gli esperimenti di scienze. Non parli di queste cose», mi ha ammonito una mattina una truppa di mamme in difesa dei loro piccoli. Eppure ho ascoltato decine di volte ragazzini di quinta prendersi in giro con appellativi legati all'omosessualità. Ho notato atteggiamenti decisamente omoerotici. Ho visto risolini ogni volta che ho letto in un articolo di un quotidiano vicende relative agli omosessuali.

I genitori, spesso, non guardano nemmeno la cronaca dei giornali che riportano quotidianamente episodi di omofobia, come quello di un sedicenne che ha postato sul proprio profilo Facebook una fotografia nella quale mostrava il collo coperto di graffi: «Mio padre mi ha aggredito e picchiato perché gli ho detto che sono gay».

I papà e le mamme non parlano abbastanza con i loro figli, e i bambini hanno appena l'occasione di confrontarsi con un adulto su questo argomento. Se lo fanno, le loro domande non sono per nulla scontate. È ciò che mi capita quando devo assistere i ragazzi di quinta in mensa: in occasioni simili, tirano fuori con me tutto ciò che non hanno il coraggio di dire agli altri insegnanti. «Maestro, ma come si riconosce un gay? Mi hanno detto che è una malattia».

Chissà perché Diego mi ha fatto questa domanda: forse pensa di essere omosessuale. O forse vuole solo capire. Non vado oltre. Do le risposte che si aspetta, ma lui precisa: «Qui tra noi c'è un gay. Lo conosci anche tu. È uno che vuole assomigliare a una femmina».

L'immagine dei bambini buoni, bravi e simpatici, da carosello, è sbiadita. Anzi, non è mai esistita davvero. Nella vita di classe abbiamo a che fare con bambini di ogni genere, proprio come nella vita normale: i piccoli sanno essere sarcastici e a volte persino cinici. Non risparmiano niente a nessuno. Provano rabbia e rancore. Il bullismo, omofobico o non, attecchisce in chi non è stato educato al rispetto. Ma a fomentarlo c'è anche l'indifferenza nei confronti del bullo stesso, che viene preso in considerazione solo quando ha addosso quell'etichetta. Quante volte ho sentito la frase: «Quel ragazzo va sospeso». Oppure: «Quando andrà alle medie, lo sistemeranno».

Intanto il bullo cresce, inascoltato. Ho davanti agli occhi un ragazzino di quinta: sveglio, con un'intelligenza vivace e buone capacità. Quando sono arrivato a scuola, l'ho visto «comandare» i suoi compagni, gestire la classe. Durante la mensa mi sono seduto al suo fianco. Ho iniziato a parlare il suo linguaggio. Siamo diventati amici su Facebook. E ogni volta che l'ho sentito pronunciare il sostantivo «gay», ha fatto i conti con chi non si voltava dall'altra parte.

La parola «omosessualità» non può essere rimossa: dovrebbe entrare a far parte dei programmi scolastici, magari nei progetti d'educazione alla sessualità, se solo ci fosse una legge a riguardo. Negli ultimi anni si sono verificati diversi episodi che fanno pensare all'urgenza di un intervento in questa direzione. Ai miei ragazzi di quinta non ho potuto nascondere quanto accaduto a Roma nel novembre del 2012: un ragazzo quindicenne si è tolto la vita dopo che su Facebook erano apparse una pagina con il suo nome al femminile e una sua foto con la parrucca. A Ischia, nello stesso mese, davanti a un liceo, è comparsa la scritta: «Non votate il frocio», riferita a un ragazzo diciassettenne candidato come rappresentante d'istituto. A Gela, in Sicilia, un'altra storia simile: un ragazzo di diciassette anni ha detto di aver smesso di andare a scuola e di aver perso l'anno perché cacciato dal suo insegnante, che lo aveva «accusato» di essere omosessuale.

Non abbiamo bisogno di docenti del genere, ma di maestri e professori che affrontino con serietà le tematiche omosessuali, magari approfittando proprio della curiosità dei ragazzi, dell'imbarazzo o di un momento in cui emergono accuse omofobe. L'adolescenza è il momento del *coming out*: è una fase delicata, talvolta può esserci una richiesta d'aiuto, un appello.

Questi giovani cercano disperatamente la normalità. La vorrebbero anche a scuola, dove passano la maggior parte della giornata. A chi insegna tocca la sfida piú importante: cambiare il dizionario, partendo dal presupposto che in classe vi siano studenti non eterosessuali. Usare nel linguaggio d'ogni giorno la parola «gay», «lesbica» o «bisessuale» significa riconoscerne l'esistenza. Mettere a disposizione materiale e testi che parlano di omosessualità, o ancora vedere film che trattano l'argomento sono altri passi avanti.

Nelle mie classi affronto per la prima volta questo tema il 27 gennaio, il Giorno della memoria. Parto da lí per fare chiarezza e per ricordare ai bimbi che la paura della diversità può diventare ignoranza e trasformarsi in odio. Solo la cecità dell'uomo porta a non accogliere il diverso. Ricordo loro che i nazisti hanno ucciso, oltre agli ebrei, moltissimi gay. E in questi momenti i bambini hanno poco da ridere: imparano da subito che i veri «diversi» sono stati i carnefici. Coloro che hanno scelto di eliminare altre persone solo perché omosessuali.

Bisogna educare gli insegnanti a parlare di omosessualità e omofobia all'interno delle scuole. Magari spingendoli a leggere *Piccola storia di una famiglia. Perché hai due mamme?* oppure portandoli a scoprire con i bambini *Il piccolo uovo*, con le illustrazioni di Altan.

Nel XXI secolo possiamo parlare tranquillamente anche di *new mothers* e *new fathers*. I genitori sono cambiati. Sí, d'accordo, «la mamma resta sempre la mamma», ma i rapporti famigliari si sono rivoluzionati. Separazioni legali, divisioni dentro e fuori casa, tradimenti, scappatelle, crisi del dodicesimo mese (e non piú del settimo anno), coppie conviventi o di fatto. Le storie che arrivano sui banchi di scuola sono tra le piú disparate e disperate. I bambini te le raccontano con la loro ingenuità, oppure ci pensano le mamme ai colloqui.

La famiglia è cambiata. Si sono modificati i rapporti tra i genitori. I piccoli hanno a che fare ogni giorno con padri e madri che hanno relazioni affettive complicate. A scuola raccontano: «Mio papà non è piú con noi a casa. È andato a vivere da un'altra parte». Anche Enrica, che ha nove anni, cerca di illustrarmi la situazione complessa della sua famiglia: «Mia mamma ha un uomo, ma non è il marito. Mio padre non c'è in casa. Vive con un'altra donna che non è mia mamma. Lui è solo una specie di amico della mamma. Ma io gli voglio bene comunque. Però il papà rimane il papà». La generazione Duemila intuisce al volo le crisi e le vive dentro di sé, si dà spiegazioni, trova giustificazioni.

I bambini crescono con un'immagine dell'amore ben diversa da quella che ha conosciuto la mia generazione, che frequentava il catechismo e andava a servir messa ai matrimoni. Sulla piazza del paese, ogni sabato della settimana al termine della scuola, guardavamo con ammirazione i giovani sposi uscire al suono delle campane a festa.

Oggi i miei alunni assistono alle sedute in tribunale per la separazione di mamma e papà. La parola «divorzio» è entrata nel loro dizionario. Sognano il matrimonio da favola e allo stesso tempo si confrontano con litigi, melodrammi e scappatelle di mamma e papà. E cosí cambia anche il modo di rapportarsi: il sesso è a uso e consumo, take away.

La generazione Duemila cresce con meno certezze anche dal punto di vista sentimentale. I figli del XXI secolo stanno scoprendo un nuovo modello di coppia, e forse dovranno costruirsene uno completamente inedito, al di là delle convenzioni del matrimonio, per riuscire a stabilire un rapporto durevole. È emersa pure la figura del «terzo genitore»: le famiglie «allargate» in Italia – e con questo termine si intendono le coppie in cui almeno uno dei due partner ha un matrimonio precedente o una separazione alle spalle – sono circa mezzo milione.

Benvenuti nel nuovo pianeta, cari bambini!

Loro sono obbligati a filtrare, capire, intuire. Devono imparare a vivere con i figli della nuova compagna, emigrare da una casa all'altra, autocensurare la parola «papà» quando c'è la mamma o viceversa, far finta di essere felici da una parte e dall'altra.

Giacomo ha i genitori separati: il papà ha una nuova compagna tunisina. Non avevo mai capito la sua avversione per i migranti, la sua volontà di «chiudere Lampedusa», finché non mi ha spiegato quali erano le origini della nuova fidanzata del padre. E ha aggiunto: «Pensa che ora suo figlio dorme in quello che era il mio letto». Tatiana, sul foglio che viene lasciato a scuola con i numeri da chiamare in caso di bisogno, si è ritrovata la scritta: «Matrigna». Quando l'ha vista, ha sbarrato gli occhi: «Che cos'è questa matrigna?»

In questo nuovo mondo sono anche sbarcate famiglie fatte di single, monogenitori, nuclei ricostituiti, unioni libere. Ci si sposa sempre meno e sempre piú tardi. Al matrimonio si preferisce un modello meno impegnativo, piú precario. Tra i banchi di scuola arrivano sempre piú bambini nati fuori dal matrimonio. Per loro non cambia nulla. Nessuno dei miei ragazzini si è mai posto il problema se mamma e papà sono sposati. Anche i nonni si sono abituati a questa nuova fotografia della famiglia.

I bambini che possono vantare, almeno per ora, una mamma e un papà uniti sono i figli dei migranti: le comunità presenti nel nostro paese sono ancora legate alle tradizioni, e hanno vincoli famigliari saldi, che iniziano a essere messi in crisi dalle seconde generazioni.

Questa rivoluzione nei sentimenti sta avendo e avrà conseguenze sulla nuova generazione. È noto che, nelle mie classi, i figli di separati in casa, divorziati, coppie ricostruite e mamme single possono avere maggiori difficoltà, problemi caratteriali o altro ancora.

La mia figura di maestro maschio ha una certa influenza sui piú piccoli: quando hai a che fare con un bambino di sette anni che non vede tutti i giorni il papà, diventi inevitabilmente un sostituto simbolico, anche se la cosa infastidisce sempre. Non dovrebbe essere cosí: la maestra non è la madre, e il maestro non è un rimedio alla mancanza del padre.

Ancora una volta la scuola dovrà essere in grado di leggere tali cambiamenti, di comprendere i dati che ci sono forniti, di impostare relazioni che tengano in considerazione fenomeni simili. Mi viene in mente Giulio, che una mattina si è presentato in classe dicendomi: «Non ho studiato, maestro, perché venerdí ero con la mamma. Sabato e domenica ero dal papà, ma non avevo la cartella. E quando sono tornato a casa la domenica, era già troppo tardi». Lorenzo, poi, di dieci anni, quando torna a casa da scuola, se la mamma è al lavoro, si prepara la cena da solo e cucina anche per lei.

La scuola non può piú permettersi di avere docenti che entrano in classe a insegnare gli Ittiti e i Babilonesi senza conoscere qualche elemento di sociologia e di psicopedagogia. O ancora, docenti che credono di essere portatori della verità assoluta in termini pedagogici e psicologici.

Noi insegnanti dobbiamo diventare educatori dell'affetto: è nostro compito riuscire a trasmettere alcuni valori, per dare fondamenta solide anche a chi vive le nuove forme famigliari. Oggi tutti i nostri istituti hanno uno psicologo interno. Ma toccherà a ogni insegnante fare questo lavoro, giorno per giorno, in classe.

La vera scommessa della scuola è mettere al centro dell'aula il banco del bambino e non la cattedra. Dobbiamo imparare a «leggere» quello che il bambino scrive sopra e sotto il banco, ciò che tiene in cartella, al di là dei libri. Lavorare con i bambini richiede una competenza professionale, ma anche una grande capacità di entrare in relazione. Dobbiamo essere in grado di capire ciò che i ragazzi non dicono, leggere nei loro occhi, nei movimenti ansiosi delle loro mani.

Di fronte ai cambiamenti rapidi della società, la scuola non s'interroga sull'importanza dell'educazione all'affettività. In classe si consumano, già a nove o dieci anni, storie d'amore che lasciano traccia nella vita. E nei messaggi tra i bambini si leggono i segni di un'affettività «precaria», o perlomeno suscettibile ai fenomeni in atto nella società. Basta essere attenti.

Cerco sempre di non essere invadente con i miei ragazzi. Se

li vedo scambiarsi qualche «pizzino d'amore», chiudo un occhio. Ne chiudo anche due, al secondo e al terzo pizzino. Ma quando lo scambio epistolare diventa piú importante della lezione, allora fermo il gioco.

Una volta Alessandro, al mio: «Dammi quel foglietto», prima è arrossito, poi è sbiancato. A quel punto ha sgranato gli occhi lucidi e mi ha detto: «Però non lo leggi». Promesso, perlomeno sino alla fine delle lezioni.

Ed ecco, all'apertura della busta, fatta con un foglio del quaderno a righe di Giulia, un esempio eloquente dell'amore ai tempi del Duemila. Il biglietto piegato in quattro riportava come mittente: «Per il mio amore». Accanto, un paio di labbra rosse, disegnate. Apro il foglio. «Per Ale» è scritto tutto attorno alla frase centrale, la piú importante, il nocciolo del discorso: «Sei invidioso se bacio un altro, tesorino bello?»

Uscita

Aspettano la campanella a partire dalle 15. C'è sempre chi butta un occhio alla sveglia del termostato o al cellulare del maestro per controllare l'ora. Da quel momento inizia il conto alla rovescia. La tecnica è stressare chi sta in cattedra con un pressing costante, mordente, tenace. «Scusa, maestro, che ore sono?» «Ma se ci comportiamo bene, ci lasci liberi gli ultimi dieci minuti?»

Alle 15.15 iniziano con la strategia wc: comincia ad andare alla toilette uno, poi un altro, e un altro ancora. È un fenomeno fisico da analizzare: sempre alla stessa ora, piú o meno a intervalli regolari, il corpo dei bambini manifesta necessità fisiologiche impellenti. Alle 15.45 ti supplicano di terminare la lezione: «Dài, ci fai uscire? Almeno alle quattro». Provano con il baratto: «Scriviamo tutto quello che sappiamo sulla Puglia in silenzio e poi usciamo. Ok?» In genere, la trattativa è prima collettiva. Poi, se non va a segno, i piú ruffiani provano ad avvicinarsi alla cattedra. Usano la persuasione.

Se alle 16 riesci a resistere al pressing, sei un eroe. Qualcuno si porta avanti: inizia a infilare astuccio, penne e matite nella cartella. Altri mettono lo zaino sulle spalle e fingono di continuare ad ascoltarti. Tutto pronto allo scatto finale, a sollevarsi dalla sedia. Alle 16.20 son già davanti alla porta d'uscita, a fare il conto alla rovescia. Scalpitano, fremono per andarsene. Il tempo tra la prima e la seconda campanella sembra non finire mai. «Ma non suona?» Alle 16.30, liberi tutti. Finalmente ritornano i sorrisi sui loro volti, gli stessi che avevo incontrato alle 8.30, all'ingresso.

Non definiamoli svogliati. Ricordatevi o immaginate che cosa significa restare, dai sei ai dieci anni, in un luogo chiuso per sei o otto ore. Qualche volta con loro abbiamo accennato a una rivoluzione: una scuola basata non sugli orari di lavoro di mamma e papà, ma sull'efficienza fisica. Chi va a scuola piú tardi impara di piú, è piú attento e felice. Lo dicono gli scienziati di Oxford.

Ne ho parlato con i miei ragazzi, perché il preside di un liceo di Biella ha intenzione di posticipare l'entrata a scuola alle 10, secondo quanto riportato da «La Stampa». Una proposta, questa, che in realtà apre una finestra su un tema che va al di là dell'orario di ingresso e che riguarda tutti gli ordini di scuola, anche la primaria, dove i ragazzini arrivano piú svegli e vivaci del maestro. I nostri bambini passano troppo tempo tra i banchi? Le ore di lezione sono eccessive? L'organizzazione odierna, basata su un modello di società industriale, dove i ragazzi vanno in classe all'ora in cui i genitori entrano in fabbrica o in ufficio, dev'essere cambiata?

Ho una certezza: tutte queste ore sono stressanti per un bambino. Soprattutto per chi è costretto anche a pranzare a scuola. Me lo confidano gli stessi ragazzi. Forse noi maestri dovremmo passare piú tempo a giocare con loro, in giardino, nell'atrio o sotto un porticato. Serve un «tempo della libertà». Il loro «Ci lasci liberi?» mi ha fatto riflettere.

Li ho osservati quando devono gestire il tempo in maniera autonoma: fanno fatica a organizzarsi, parlano tra loro, si scambiano carte, accendono finalmente l'iPod, cercano di nuovo il contatto con l'insegnante. Spesso hanno bisogno di affetto. Forse perché hanno perso anche in termini di relazione con i propri insegnanti. Mi viene in mente il film francese *Monsieur Lazhar*. Durante una riunione tra insegnanti, il collega del professor Lazhar afferma: «I bambini oggi vanno trattati come rifiuti radioattivi».

È una battuta triste ma succede proprio cosí. L'abbraccio

della scena finale tra monsieur Lazhar e la sua piccola alunna manca a noi insegnanti e manca ai bambini. Non sono un fanatico delle «maestre mamme», sempre pronte ad aggettivare le piccole pesti con «poverini». Ma vorrei poter giocare con i bimbi alla fine della lezione, ruzzolando nell'erba del giardino. Vorrei prenderli in braccio, dare loro un buffetto amorevole quando serve o un bacio sulla testa.

In realtà, se capisco che non rischio l'ammonizione di qualche genitore, lo faccio. Si gioca a palle di neve all'uscita della scuola. Alla fine di ogni anno concludiamo le lezioni a gavettoni: tutti bagnati, maestro compreso, dalla testa ai piedi. I bambini cercano questa relazione umana. Desiderano una scuola che sia luogo di amicizia, di vita, di lavoro. Ma non è facile.

Mi è capitato di prendere in braccio una bambina di sette anni, e di scherzare con lei sotto gli occhi divertiti dei colleghi. Il giorno dopo sono stato rimproverato dalla madre: «Lei, qui, non è un educatore dell'oratorio. Si limiti a insegnare». Cosí non l'ho piú potuta prendere in braccio. Non ho piú potuto giocare con lei. Non ho piú fatto l'educatore dell'oratorio, come mi è stato «suggerito».

Abbiamo bisogno di una scuola piú umana e meno burocratica, che sappia mettere al centro solo il bambino.

Per molti dei miei ragazzi la scuola non finisce mai. Alle 16.30 escono dall'aula. Salgono sullo scuolabus giallo che li porta a casa. Arrivano finalmente a destinazione quando l'orologio segna le 17. Tempo di una merenda e scatta l'ora dei compiti. Eccoli, i famigerati compiti. Riempiono i diari dei bambini: ogni insegnante deve dare il suo. Non gli interessa se il collega ha già assegnato i Babilonesi. Anche gli esercizi di matematica vanno fatti. E la grammatica, dove la lasciamo?

Certo, studiare è necessario, ripassare è essenziale. Anch'io assegno pagine da rileggere. Ma il vero compito è trasmettere all'alunno la curiosità, il desiderio di andare a casa e accendere il computer per scoprire qualcosa in piú sugli Assiri, per «visitare» Venezia o per andare a vedere alcuni quadri nel museo virtuale del Louvre.

Sapere che i ragazzini, finita la lezione, possono accedere al web e avere altri punti di vista, altre fonti, nuove informazioni, è utile a chi insegna. Spesso, l'indomani tornano a scuola con notizie che nemmeno il maestro conosce. Ci si confronta. Si impara reciprocamente.

È da qui che dobbiamo ripartire: la scuola, la possiamo costruire insieme. I figli della rete hanno una grande voglia di essere non solo discenti ma anche costruttori del sapere. Per anni abbiamo immaginato sui banchi truppe di ragazzi che dovevano solo ascoltare, tanto che, a un certo punto, ci siamo ritrovati alle superiori eserciti di adolescenti apparentemente svogliati, non interessati a discutere con il docente.

I bambini del Duemila stanno ribaltando questo concetto, e mettono a dura prova gli insegnanti dai capelli bianchi: le mani dei piccoli sono sempre alzate. Vogliono dire la loro, portare una testimonianza, raccontare che sono stati in un posto e hanno visto quel che viene spiegato. Sono positivi e riformatori.

I bambini sono stanchi di vivere in scuole vecchie, fatiscenti, di non avere i supplenti quando necessario, di non avere la possibilità di usare la tecnologia a scuola, di avere a disposizione spazi angusti (atri trasformati in palestre). Sono stanchi dei palloni sgonfi e dei birilli nelle ore di educazione motoria, dei pifferi e delle canzoncine di Natale, delle gite per assistere a noiosi spettacoli teatrali, di menu che nessuno dei grandi mangerebbe per una settimana di fila. Sono pronti a rottamare tutto questo.

Li guardo ogni volta che escono da scuola. Ma soprattutto li osservo quando suona l'ultima campanella dell'anno, a giugno. L'unica occasione in cui vorremmo che non squillasse. Ci guardiamo con gli occhi lucidi. È in questo momento che avviene una specie di taglio del cordone ombelicale. Chi è in quinta se ne andrà. Il maestro precario non sa se e quando rivedrà i ragazzi. «Maestro, e adesso? Resteremo amici?»

Molti pensano che siano disinteressati o svogliati. A volte

li definiscono «baby bulli». Ma alla fine di ogni anno scolastico li ho visti solo piangere quando li ho salutati. Quando, tra i banchi o su un prato, ho detto loro che anche per me sono stati maestri di vita. Quando li ho ringraziati perché mi hanno insegnato ancora una volta a stupirmi.

Consigli di lettura per grandi e piccini.

Un maestro deve avere una cassetta degli attrezzi. La mia contiene molte fotografie e ricordi dei viaggi fatti nel mondo e qualche indispensabile lettura che mi permetto di consigliarvi indicando le edizioni piú recenti:

Bello, A., *Pietre di scarto*, La meridiana, Molfetta 1993.

Blunda, N., Lo Bocchiaro, G. e Rizzo, M., *Mauro Rostagno*, BeccoGiallo, Padova 2010.

Christos, Y., *Variazioni sul «Cantico dei Cantici»*, Edizioni Qiqajon, Bose 2012.

Facchetti, G., *Se no che gente saremmo*, Longanesi, Milano 2011.

Ferri, C., *Una casa sulle ruote*, Titivillus, Corazzano 2006.

Ferri, P., *Nativi digitali*, Bruno Mondadori, Milano 2011.

Ghezzi, P., *Il Vangelo secondo De André*, Ancora, Milano 2006.

Hamelin, *I libri per ragazzi che hanno fatto l'Italia*, Hamelin, Bologna 2011.

Korczak, J., *Il diritto del bambino al rispetto*, Edizioni dell'Asino, Roma 2011.

Lodi, M., *Cipí*, Einaudi, Torino 2011.

Milani, L., *Lettera a una professoressa*, Libreria Editrice Fiorentina, Firenze 2007.

–, *L'obbedienza non è piú una virtú*, Libreria Editrice Fiorentina, Firenze 2011.

Moro, A., *Un uomo cosí. Ricordando mio padre*, Rizzoli, Milano 2008.

Peirce, G., *Il Signore è grande e non si può disegnare*, Einaudi, Torino 2008.

Taddia, F., *Girogirotonda*, Mondadori, Milano 2003.

Tonioni, F., *Quando internet diventa una droga*, Einaudi, Torino 2011.

Veglia, F. e Pellegrini, R., *C'era una volta la prima volta*, Erickson, Gardolo 2003.

Ringraziamenti.

Il primo grazie è per Fabrizia, che ha visto nascere e crescere questo progetto, dandomi fiducia, come sempre. A Christian per la cura avuta per il libro.

Questo testo non sarebbe mai nato senza i bambini.

Ai miei alunni va il mio abbraccio. In modo particolare ai miei ex allievi, compagni di ieri e di oggi, che ho intervistato per questo libro. Per ragioni di privacy non mi è consentito nominarli uno per uno, ma ciascuno di loro sa l'enorme importanza che ha avuto, e la gratitudine che provo per tutto questo.

Grazie alla mia classe quinta di Ricengo dell'anno scolastico 2012-13: indimenticabili. Ogni giorno con loro è stato una ricchezza per questo lavoro e per la mia esistenza.

A don Matteo e ai suoi ragazzi, di San Paolo d'Argon: grazie di cuore per avermi accompagnato alla scoperta di un mondo.

Agli amici di «Altreconomia».

A don Omar, uomo prima che prete, compagno di vita: mi ha fatto conoscere dei giovani che resistono.

A Patrizia De Capua: senza i suoi insegnamenti non potrei fare il maestro.

A Monica Cavalletti per il suo prezioso lavoro e perché c'è sempre.

Alle mie colleghe di Ricengo (bidella compresa) per la pazienza e la comprensione infinita.

A Flavio Arpini e Antonella Caravaggi per avermi permesso di volare oltre la siepe.

Grazie per la collaborazione alle bibliotecarie di Crema, Offanengo, Bagnolo Cremasco e Ricengo. Un sentito ringraziamento ad Antonella Agnoli e ai collaboratori della Sala Borsa di Bologna; all'amico Pasquale Lanzillotti della libreria di Praia a Mare e a Marco Bergamaschi della libreria Dornetti di Crema; a Roberto Gagnor per il tempo e la simpatia; a Henri Ibi per avermi aperto il suo cuore.

Un grazie affettuoso a chi in un periodo difficile mi è stato vicino permettendo che questo progetto non si fermasse: Doriano, Ferruccio e Flavia, Agostino da non so dove.

E, infine, ad alcuni miei «maestri»: Maria Luisa Busi, Rita Borsellino, Alessandro Bergonzoni, Gherardo Colombo, Nino Caponnetto. E all'amica Rosaria, partita per un viaggio di sola andata.

Indice

Stampato per conto della Casa editrice Einaudi
presso ELCOGRAF S.p.A. - Stabilimento di Cles (Tn)
nel mese di agosto 2013

C.L. 21480

Edizione — Anno

1 2 3 4 5 6 7 — 2013 2014 2015 2016